예속된 지방재정

누구를 위한 것인가

예속된 지방재정, 누구를 위한 것인가

초판1쇄 인쇄 2025년 3월 11일
초판1쇄 발행 2025년 3월 18일

저 자 정성호
발행인 노현철
발행처 도서출판 해남

출판등록 1995. 5. 10 제 1-1885호
주 소 서울특별시 마포구 마포대로8길 9 영명빌딩 405호
전 화 739-4822
팩 스 720-4823
이 메 일 haenamin30@naver.com
홈페이지 www.hpub.co.kr

ISBN 978-89-6238-195-5 03320

예속된 지방재정 누구를 위한 것인가

정성호 지음

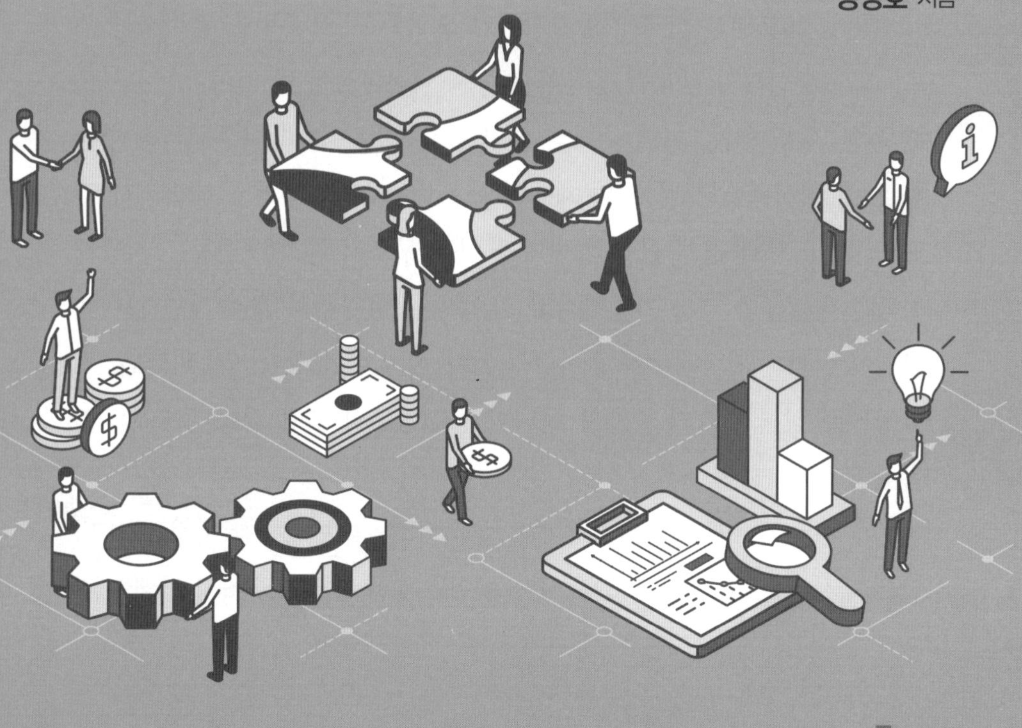

도서출판 해남

머리말

지방재정은 현대 국가에서 지방정부의 자율성과 책임성을 평가하는 핵심 지표로 작용한다. 지방자치제가 본격적으로 시행된 이후, 지방정부는 재정 운용에 있어 일정 수준의 자율권을 부여받았지만, 동시에 책임 있는 재정 관리 또한 요구되어 왔다. 그러나 현실은 이상과 거리가 멀다. 지방정부는 여전히 중앙정부의 재정 지원에 의존하며, 국세와 지방세의 불균형, 비효율적인 국고보조금 구조, 그리고 지방정부의 책임성 결여와 같은 문제들이 지방재정을 왜곡시키고 있다.

특히, 2025년은 한국 지방자치제가 도입된 지 30주년을 맞이하는 해로, 그간의 성과와 한계를 성찰하는 중요한 전환점이 될 것이다. 지난 30년 동안 지방자치는 지역 주민의 삶의 질을 향상시키고 민주주의를 확장하는 데 기여해 왔으나, 지방재정의 구조적 문제는 여전히 해결되지 않고 있다. 글로벌 경제 환경의 변화와 인구 구조의 급격한 변동은 지방재정의 불확실성을 더욱 가중시키고 있으며, 중앙정부의 재정 지원 없이는 자립이 어려운 지방정부가 늘어나고 있다. 이러한 상황이 지속된다면, 지방정부는 정책 결정의 주체가 아니라 중앙정부의 행정 집행기관으로 전락할 위험이 크다.

이 책은 지방재정의 위기 원인을 분석하고, 지속 가능한 재정 관리 방안을 제시하는 데 목적이 있다. 중앙–지방 재정 관계의 구조적 한계를 검토하고, 거버넌스 실패의 원인을 분석하며, 지방정부의 도덕적 해이가 초래하는 문제점을 구체적 사례를 통해 조명한다. 또한 선진국의 사례를 비교·분석함으로써 지방재정의 자율성과 책임성을 동시에 강화할 수 있는 현실적인 정책 대안을 모색한다.

이 책은 이전에 저술한『지방재정, 이대로 좋은가』를 확대 개편하여 변경하면서, 지방재정의 자율성과 책임성 딜레마를 보다 명확히 드러내는 구조적·정책적 문제의식을 강조하였다. 단순히 중앙정부 지원의 확대를 논의하는 것이 아니라, 지방정부가 스스로 재정을 운영할 수 있는 기반을 마련하고, 책임 있는 재정 운용을 정착시키는 방향을 제시한다.

더 이상 지방재정이 중앙정부의 지원금에 의존하는 구조에 머물러서는 안된다. 이제는 지방정부의 재정 권한을 강화하고, 실질적인 분권을 실현해야 할 때이다. 이를 통해 지방정부가 스스로의 역할을 정립하고, 중앙정부와 협력 속에서 지속 가능한 발전을 도모하는 길을 모색해야 할 것이다.

2025. 2

저자

차 례

머리말 4

차례 6

제1부 | 지방재정 위기 일반

제1장 거버넌스 실패? 도덕적 해이? 13

1. 지방재정의 현실 15
2. 지방재정이 당면한 위기 18
3. 재정 건전성 위협 요인 21
4. 중앙-지방 간 재정 관계 및 중앙정부 정책이 초래한 위기(거버넌스 실패) 26
5. 개별 지방정부의 도덕적 해이가 초래한 내적 위기 요인 31
6. 재정제도의 문제: 지방재정과 교육재정의 분리 33

제2장 현행 재정위기관리제도, 무늬만? 39

1. 재정 위기 관리 41
2. 법 제도적 측면의 한계 48

제3장 미국과 일본의 지방재정 위기 사례 59
1. 미국 61
2. 일본 73

제4장 외국 지방재정 위기 사례로부터 시사점 85
1. 연성예산 제약, 보조금과 교부세의 개혁(중앙 의존) 88
2. 무리한 선심성 사업 추진 - 공약사업 등 90
3. 민간투자사업의 무분별한 이용 91
4. 공기업(출자·출연 기관 포함)으로 부채 전가 및 부실경영 92
5. 지방채 발행 악용 93

[제2부 | 무엇이 문제인가?]

제5장 연성예산 제약의 늪 97
제6장 자치단체장의 개발사업 투자가 부채로 105
제7장 국고보조금 등 의존재원이 부채로 115
제8장 지방보조금 사업이 지방재정을 멍들게 123
제9장 무분별한 민간투자사업(BTO · BTL)이 지방재정을 멍들게 131

제3부 | 어떻게 할 것인가?

제10장 연성예산 제약 탈피형 재정분권 153

1. 연성예산 제약과 재정분권은 반비례 155
2. 재정분권에 관한 혼돈(또는 오해) 157
3. 재정분권의 방향성 163

제11장 지방자치와 교육자치 167

1. 지방자치와 교육자치의 헌법적 의의 169
2. 지방자치와 교육자치의 운영 문제 170
3. 통합적 접근과 협력 강화 171
4. 헌법상 교육제도와 지방자치 관련 규정의 변천사 182
5. 헌법재판소와 대법원 사례로 본 시사점 186

제12장 부단체장 임명 권한은 지방정부에게 돌려주어야 191

1. 지방정부 조직과 부단체장 제도 194
2. 행정안전부 공무원의 광역 지방정부 근무 195
3. 교육부 공무원의 지방 교육청 근무 195
4. 광역 지방정부 공무원의 기초 지방정부 근무 196
5. 부단체장 임명 제도의 개혁 204

제13장 새 포도주는 새 부대에 207
1. 광역형 거점도시로의 개편 209
2. 중앙-광역-기초 간 기능 중복 개선 210
3. 인구소멸과 학령인구 감소에 대비 217
4. 지방재정과 교육재정 통합(합리적 조정) 218
5. 재정 지원 없는 권한 위임을 줄여야… 220

제14장 포괄적 부채 관리(지방정부 부채 관리를 넘어) 223
1. 포괄적 부채 관리가 답 225
2. 부채를 줄이기(숨기기) 위해 공기업이나 민간투자사업 추진 230

제15장 시스템 망국에서 탈피 233
1. 무분별한 재정 관리 시스템 구축 235
2. 토건 국가의 문제가 시스템 구축에 고스란히 녹여져… 238
3. 1, 2차 LADI에서 AIA 채택 및 폐기 과정 244

맺으며 257
1. 지방재정 위기, 어떻게 볼 것인가? 259
2. 무엇이 문제인가? 260
3. 어떻게 할 것인가? 263

참고문헌 277

• 일러두기 •

지방자치단체는 지방정부로 명명하였다.

제1부 | 지방재정 위기 일반

제1장 거버넌스 실패? 도덕적 해이?

제2장 현행 재정위기관리제도, 무늬만?

제3장 미국과 일본의 지방재정 위기 사례

제4장 외국 지방재정 위기 사례로부터 시사점

1

1

거버넌스 실패? 도덕적 해이?

1. 지방재정의 현실
2. 지방재정이 당면한 위기
3. 재정 건전성 위협 요인
4. 중앙–지방 간 재정 관계 및 중앙정부 정책이 초래한 위기(거버넌스 실패)
5. 개별 지방정부의 도덕적 해이가 초래한 내적 위기 요인
6. 재정제도의 문제: 지방재정과 교육재정의 분리

"실수를 할 자유, 그리고 실수의 결과를 감당할 자유는 어떤 나라에서든 지방자치의 중요한 요소이다. 실제로 지방정부가 지방세수와 관련해 어느 정도의 자유를 부여받지 못하면(실수를 할 자유와 이에 대해 책임질 자유 포함), 책임감 있고, 대응성 있는 지방정부를 발전시키는 것은 실현 불가능한 꿈으로 남을 가능성이 크다."

– Richard M. Bird

국가 전체			지방
누구의 잘못이 더 클까?			자율성: 낮음
중앙정부	≧	**지방정부**	
거버넌스 실패		도덕적 해이	책임성: 낮음

1. 지방재정의 현실

지방재정 위기는 발등에 떨어진 불

재정 건전성 강화는 정부가 바뀔 때마다 빠지지 않고 등장하는 국정 과제 중 하나이다. 그만큼 중요하다는 의미이다. 한때, 지방재정 위기 가능성에 대한 논의가 확산된 적이 있다. 그렇다면 지금은 좀 나아졌을까? 사실은 여전히 현재 진행형이다. 과거 미국 및 일본을 비롯한 외국 지방정부의 재정 파산(default) 사례는 남의 일처럼 여겨졌다. 2015년 7월 17일, 당시 행정자치부(현 행정안전부)가 '지방재정위기관리위원회'를 개최해 부산·대구·인천광역시와 태백시의 예산 대비 채무 비율이 지방재정 위기 '주의' 기준(25%)에 해당된다고 해당 지방정부에 통보한 바 있다. 다행히도 인천광역시는 미래 세대와 함께 공유해야 할 재산(공용 터미널)을 팔아 채무를 갚았고, 그 이후 재정 여건이 호전되었다. 다른 지방정부는 이렇다 할 해법도 없이 유야무야(有耶無耶) 넘어가고 말았다. 지방재정 위기 가능성은 상존한다. 그래서 미국 및 일본을 비롯한 외국 지방정부의 재정 위기 사례를 남의 일처럼 여겨서는 안된다.

자체 재원으로 인건비도 해결하지 못하는 지방정부

행정안전부가 매년 발표하는 「지방정부 통합재정 개요」(2024년 기준)에 따르면 절반 이상의 지방정부가 지방세로 공무원 인건비조차 해결하지 못한다. 2023년 결산 기준, 지방정부 평균 재정자립도[1]는 40.14%로 집계되고 있다. 또 전체 세입에서 지방정부가 자율적으로 편성 집행할 수 있는 재원의 비율인 재정자주도[2]는 62.85% 수준이다(지방재정365 지방재정통합공시). 단순히 지표상으로만 보면, 재정이 열악한 것처럼 보이지만 다양한 정부의 재정 지원을 보태면 지방정부의 예산이 결코 적지만은 않다. 그럼에도 자치단체장은 돈이 없다는 이야기를 자주한다. 그런데 이를 더 정확하게 표현하면, 자치단체장들이 불필요한 치적 쌓기용 사업을 추진할 돈이 모자란다고 이해하면 된다. 그런 가운데 243개 지방정부 중 재정자립도가 30% 이하인 곳이 203개나 된다(지방재정365 지방재정통합공시, 2023년 결산 기준). 이러한 지방정부가 자체 재원으로 인건비도 해결하지 못하는 것이다.

여타 OECD 국가와 비교해 볼 때, 우리나라는 거시재정 관점에서 비교적 건실하다는 평가를 받아 왔다. 하지만 근자에 들어 채무 규모는 물론 지방채무의 증가 속도가 지나치게 빨라져, 이제는 국가는 물론 지방정부의 채무를 관리하지 않으면 안된다는 평가가 내려진 지 오래이다. 그럼에도 불구하고, 문재인 정부 시절 '국가재정전략회의'에서조차 국가채무 수준의 적절성(예, GDP 대비 40%)에 관한 갑론을박이 전개되었다.

---

1 (자체수입÷자치단체 세입결산 규모)×100(%).
2 [(자체수입+자주재원)÷자치단체 세입결산 규모]×100(%).

재정분권의 고질병: 책임성 없는 자율성 확대

1995년 지방자치 시행 이후(지방의회 구성까지), 재정분권의 현실은 크게 변화되지 않았다. 외형적으로는 재정분권 기반 구축의 하나로 2005년부터 지방채 발행의 승인제 폐지, 예산편성 지침 폐지 등을 적용하여 지방재정의 자율성은 어느 정도 향상되었다. 그러나 재정 환경의 변화만큼 지방정부의 책임성은 그리 만족스럽게 변화되지 않았다. 중앙정부로부터 이전되는 국고보조금과 지방교부세가 더 늘었을 뿐 크게 달라진 것이 없다는 것이다. '재정분권의 방향성이 틀렸다고 할 수 있다'. 중앙정부는 지방정부로 재정만 확충해 주면 재정분권이 되는 것으로 착각하고 있는 듯하다. 이는 명백한(치명적인) 오류이다. 그러니 지방정부는 책임성을 가질래야 가질 수 없는 구조가 되고 말았다.

지방정부는 중앙정부의 하부 기관에 불과

지방정부가 중앙정부의 하부 기관(지방정부가 아닌 '자치단체')이란 인식은 근본적으로 중앙 편중적 재정 구조에서 비롯된 것이다. 중앙정부가 결정한 정책을 단순히 집행하는 하부 구조 정도로 인식하고 있다. 그러한 가운데 중앙정부의 정책 결정이 지방재정에 악영향을 미친다. 특히, 지방정부가 결정한 정책이 아닌 중앙정부가 결정한 내국세 감세 조치는 지방교부세와 지방교육재정교부금 등 국가재정 수입과 연계되어 세수가 줄어든다. 이러한 제반 조치가 지방재정을 더욱 어렵게 만들었고, 결국에는 중앙정부가 보전 차원에서 재정을 보전하지만, 이는 임시방편적 성격이 강하였고 일종의 거버넌스 실패라고 할 수 있다.

2. 지방재정이 당면한 위기

글로벌 경제 위기와 경제 위기 극복을 위한 중앙정부의 재정 정책, 복지 정책

1998년 IMF 체제, 2008년 글로벌 경제 위기, 2011년 유럽 경제 위기, 미국 및 중국의 경제 둔화와 긴축 재정 등이 우려되는 상황에서 재정 위기 가능성은 더욱 커질 수 있다. 무엇보다도 예전에는 10~20년 주기로 찾아오던 세계적인 경제 위기가 1998년 외환 위기 이후에는 수시로 반복되고 있다. 2008년 미국발 금융 위기 및 2009년 남유럽 국가발 재정 위기는 세계 경제 불황을 초래하였고, 많은 국가는 아직도 재정 위기 상태에서 온전하게 벗어나지 못하고 있다. 여기에 더해 코로나(Covid-19)가 창궐해 경기는 더 불안정해졌다.

2009년 세법 개정으로 일부 세수가 증가하였지만, 세계 경제 불황은 우리나라에서도 부동산 경기를 위축시켰고, 이는 부동산 거래세 위주로 구성된 지방세의 수입 감소를 초래하였다. 또한 소득세, 법인세, 부가가치세 등 내국세의 감소를 초래하여 내국세의 일정 비율에 의존하는 지방교부세가 감소하게 되었다(〈표 1-3〉 참고). 그 이후 2012년부터는 내국세가 증가해 지방교부세가 증가하였다.

더불어 IMF 외환 위기와 연이은 신자유주의의 강화로 인해 사회 양극화는 더욱 심화하였고, 이를 해결하기 위해 중앙정부가 복지 정책을 강화하였는데, 이는 고스란히 지방정부의 몫이 되고 말았다. 왜냐하면 적지 않은 재정을 지방정부가 부담해야 하기 때문이다. 지방매칭비(matching fund)

라는 이름으로 지방정부에게 부담을 가중시키고 있는 것이다.

연성예산 제약에 따른 부실한 지방재정 관리

지방정부들은 세출 규모에 비해 자체 세입 규모가 작기 때문에 상위(또는 중앙) 정부로부터 이전되는 재원에 의존할 수밖에 없다. 그래서 실제로 자체 세입 규모가 크든 작든 지방재정 운영을 크게 제약하지는 않는다. 어찌 보면 재정자립도가 낮을수록 중앙정부로부터 오히려 더 많은 재정이 지원되기 때문에 재정 운영에 큰 제약을 느끼지 않는 것이다. 이를 연성예산 제약(soft budget constraint)이라 부르는데, 지방정부가 주어진 예산을 다 소진하더라도 중앙정부로부터 추가적 예산을 받을 수 있어서 예산제약의 경성성을 상실하게 되는 것이다.

중앙정부는 국고보조금과 지방교부세 등 재정이전을 통해 지역 간 재정 격차를 줄이고 있다. 이러한 연성예산 제약은 지방정부로 하여금 자체 세원을 확보하기보다는 상대적으로 쉽게 획득할 수 있는 이전재원 확보에 사활을 걸게 만든다. 지방정부의 자체 세입은 작지만, 이전된 재원을 활용한 지방정부의 과시성, 선심성, 낭비성, 호화 사업을 추진함은 물론 부실한 재정 관리(부실한 투자심사)는 지방재정을 더욱 어렵게 만들고 있다. 이것이 바로 도덕적 해이의 단초이다. 자율성과 책임성을 담보하지 못하는 국고보조금 사업은 대폭 줄여 나가야 한다. 그리고 지역균형발전특별회계(명칭이 여러 번 바뀜)는 폐지하고 일반회계로 전환하자.

표 1-1 지방자치 실시 이후 주요 지방재정 이전 제도의 변화

		1991년 이전	2005년	2010년	2015년	2023년 ~	특성/재정 기능
지방교부세	보통교부세	→	→	→	→	→	일반 형평
	특별교부세	→	→	→	→	→	특정 효율/형평
	분권교부세		(2005~2014) →	→			특정 효율
	부동산교부세		(2006~2013) →	→			특정 효율/형평
	소방안전 교부세				(2015~) →	→	특정 효율
국고보조금	국고보조금	→	→	→	→	→	특정 효율
	지방양여금	(1991~2004) →					특정 효율
	국가균형발전 특별회계		(2005~2009) →				특정 효율
	광역·지역 발전특별회계			(2010~2014) →			특정 효율
	지역발전 특별회계				(2015~) →	→	특정 효율
	지역균형발전 특별회계					(2023~) →	특정 효율

자료: 정성호(2018), 《대한민국 재정정책 70년사》에 기초해 일부 내용 추가.

책임 없는 자율은 도덕적 해이만 낳을 뿐

자치단체장들은 재정 위기 관점에서 재정을 운영하지 않는다. 그 원인은 중앙정부의 재정보전과 관련성이 크다. 즉, 아무리 지방정부 재정이 어렵더라도 파산은 없고, 중앙정부가 끝까지 도와주겠지 하는 암묵적 인

식이 자리하고 있다(일본 유바리시 파산의 직접적 원인). 자치단체장은 뚜렷하게 재정 위기 인식에서 자유로운데, 이러한 인식은 어찌 보면 도덕적 해이와 동의어라 해도 무방하다. 자치단체장들은 외형적으로는 재정분권을 주장하지만, 실상은 재정분권이 아닌 재정 확충을 주장하고 있다. 이는 재정분권이 아닌 재정집권을 옹호하고 있는 것이나 마찬가지다.[3] 다만, 지방정부의 자율성만 더 보장해 달라고 외치고 있을 뿐이다.

3. 재정 건전성 위협 요인

재정 건건성 악화 요인

첫째, 지방재정 규모의 외형적 확대는 지방재정 운영의 책임성은 강화하지 못하였고, 오히려 중앙정부에 대한 의존성만 심화시켰다. 민선 자치단체장 직선 이후 선심성, 전시성, 낭비성 사업(치적 쌓기용 시설 건립, 무분별한 행사 및 축제 비용, 지방의회 의원들의 낭비성 외유) 등이 공공연하게 발생하고 있다. 이는 연성예산 제약에서 비롯된 것으로, 재정자립도(자체 재원)는 낮아진 반면, 국고보조금 등 의존재원은 지속해서 증가하였다. 결국에는 지방자치의 근간을 훼손함과 동시에 지방재정의 자율성을

3 실제로 개별 주체가 재정분권을 지지할까 의문이 든다. 먼저 기획재정부, 행정안전부, 지역구 국회의원, 자치단체장 등은 공공선택론 관점에서 볼 때 집권을 선호할 것이라는 예측이 가능하다. 따라서 재정분권은 헛된 주장에 불과한 것인지도 모른다. 내심은 재정지원(재정 확충)을 더 해달라는 의미 정도에 불과하다.

침해한 것이다.

참여정부 이후 지방이전재원 규모가 더욱 확대되어 총조세 중 지방정부 가용재원이 지속적으로 증가되었는데, 그 원인은 다음과 같다. 첫째, 지방교부세율의 대폭 인상이다(지방교부세 법정교부율: 13.27%(1999)→15%(2000)→19.13%(2005)→19.24%(2006); 지방교육재정교부금 법정교부율: 11.8%(2000)→13%(2001)→19.4%(2005)→20.0%(2008)→20.27%(2010)→20.46%(2019)→20.79%(2020)). 둘째, 지방양여금을 폐지하고 성격에 따라 재편(2005. 1. 1 시행)하였다(일반양여금(4.4조 원)→지방이양(2.7조 원, 교부세율 인상), 균특회계 이관(0.4조 원), 국고보조사업 전환(1.3조 원)). 셋째, 지방정부의 자율성 강화를 위해 국고보조금을 대폭 정비(2004. 7. 6) 하였다(533개 사업 12.7조 원→지방이양(1.1조 원), 균특이관(3.6조 원), 존치(7.9조 원)). 넷째, 균형발전 사업의 체계적 지원 및 지방정부 자율성을 제고하기 위해 국가균형발전특별회계(현재 지역균형발전특별회계)를 신설하였다(2005년 5.3조 원→2006년 6.0조 원→2007년 6.8조 원→ 2008년 7.6조 원).

〈표 1-2〉와 〈표 1-3〉에서 설명하고 있듯이, 2023년 기준 국고보조금은 84.0조 원으로 지방자치 실시 이전과 비교해 볼 때 약 42배 증가하였다. 한편, 지방교부세는 67.5조 원으로 지방자치 실시 이전과 비교해 볼 때 약 19.5배 증가하였다. 이처럼 의존재원이 지속해서 증가하게 되면 지방정부가 자구 노력에 의한 세입 증대와 세출 절감 등을 모색하려는 유인 자체가 사라지게 된다. 그로 인해 중앙정부에 대한 의존성은 더욱 강화되고, 지방정부가 도덕적 해이를 일으킬 가능성이 더욱 커진다.

둘째, 연성예산 제약과 지방세제의 불완전한 가격 기능에서 그 이유

표 1-2 지방자치 이후 지방이전재원 추이 (단위: 조 원)

	1991	1995	2000	2005	2010	2015	2018	2020	2021	2022	2023
지방이전재원	11.8	22.5	35.8	59.5	89.6	120.9	149.6	177.2	183.7	213.3	238.5
교부금	7.8	13.7	18.1	43.8	59.7	74.8	99.4	111.6	108.9	133.9	154.8
양여금	2.0	4.9	8.9	–	–	–	–	–	–	–	–
국고 보조금	2.0	3.9	8.8	11.3	23.6	46.1	50.2	65.6	74.8	79.4	84.0
광특회계	–	–	–	4.4	6.3	–	–	–	–	–	–
지방가용재원	19.8	37.8	56.4	95.5	138.8	191.9	232.3	268.2	276.3	321.8	353.8
총조세 대비 (%)	51.7	52.4	49.7	58.8	61.2	66.4	66.2	70.0	73.6	71.2	68.6

주: 지특회계 중 보조금만 계상.
자료: 《e-나라지표》, 기획재정부(연도별 예산서).

를 찾을 수 있다. 기본적으로 재정 지출을 확대하려면 동시에 재정 확충 노력이 수반되어야 한다. 그러나 그러한 유인이 없다는 것이 가장 큰 문제로 작용하고 있다. 또한 지방세제의 가격 기능이 전혀 작동하지 않아 세수 확충에 상응한 이전재원은 감소하게 된다. 이 때문에 지방정부는 재원 확충에 소극적일 수밖에 없게 되는 것이다.

셋째, 지방채 발행 시장의 비시장적 재원 배분에서 비롯된다. 2006년부터 지방채 발행의 승인 여부를 결정하던 기채승인제도에서 총액 한도를 설정하고, 한도액 내에서 지방의회의 결정만으로 지방채 발행 여부를 스스로 결정하였다. 그 결과 지방채 발행으로 말미암은 채무가 급격하게 증가하게 되었다.

넷째, 지방정부 간 재정 불균형의 심화를 들 수 있다. 수도권 인구와 산업의 과밀집중은 수도권과 비수도권 간 재정 불균형을 더욱 심화시키

▌**표 1-3** 지방자치 이후 지방교부세 추이 (단위: 억 원)

연도	정률분(내국세의 19.24%)				증액 교부금	부동산 교부세	소방안전 교부세
	계	보통교부세	특별교부세	분권교부세			
1991	34,524	30,532	3,054	–	937	–	–
1992	39,277	35,337	3,533	–	406	–	–
1993	44,130	40,118	4,011	–	–	–	–
1994	47,245	42,950	4,295	–	–	–	–
1995	54,842	49,856	4,985	–	–	–	–
1996	63,777	57,979	5,797	–	–	–	–
1997	67,987	61,426	6,142	–	418	–	–
1998	70,392	63,538	6,353	–	500	–	–
1999	67,107	57,825	5,782	–	3,500	–	–
2000	82,665	74,686	7,468	–	510	–	–
2001	122,889	111,195	11,119	–	575	–	–
2002	122,594	108,849	10,884	–	2,860	–	–
2003	149,106	122,385	12,238	–	14,483	–	–
2004	144,690	130,128	13,012	–	1,549	–	–
2005	198,774	179,275	7,115	8,453	–	3,930	–
2006	214,613	186,914	7,433	10,065	–	10,200	–
2007	251,969	213,162	8,527	11,387	–	18,892	–
2008	319,158	257,978	10,394	13,784	–	37,012	–
2009	286,122	230,320	9,242	12,305	–	34,254	–
2010	280,483	246,791	9,928	13,186	–	10,576	–
2011	309,197	272,746	11,010	14,575	–	10,865	–
2012	341,861	301,914	12,580	16,154	–	11,214	–
2013	357,245	315,581	13,149	16,885	–	11,630	–
2014	356,981	318,845	9,861	16,884	–	11,391	–
2015	348,880	321,762	9,874	–	–	14,104	3,141
2016	361,323	332,437	10,281	–	–	14,457	4,147
2017	407,314	375,776	11,622	–	–	15,328	4,588
2018	490,445	452,118	139,830	–	–	20,172	4,173
2019	575,556	526,028	162,689	–	–	29,420	5,375
2020	503,221	449,265	138,947	–	–	33,209	6,851
2021	591,699	445,376	158,758	–	–	52,153	10,351
2022	810,449	704,142	217,776	–	–	75,677	8,853
2023	675,297	595,197	206,253	–	–	49,608	9,866
2024	667,593	598,439	185,084	–	–	41,098	9,547

주: 1) 2023년까지 최종교부액, 2024년은 당초 예산 기준.
2) 증액교부금은 지방재정상 부득이한 수요가 있는 경우 국가가 법정교부세 외에 별도로 증액, 교부하는 교부금으로 1983년도에 신설되어 2005년도에 폐지; 2015년 분권교부세 폐지 및 소방안전교부세 신설.
3) 2005년 이후 보통교부세에 도로 보전분 8,500억 원이 별도로 포함되었으나, 2012년부터 보통교부세로 통합되어 운영됨.

자료: 행정안전부(2023), p. 74.

고 있다. 아울러 광역과 기초자치단체의 재원 불균형도 문제로 드러나고 있다. 2020년 정부는 재정분권(실제로는 재정 확충)을 추진한다는 명목으로 지방소비세를 25.3%(2022년 21%, 2020년 15%, 2019년 11%)로 인상하였지만, 이는 광역자치단체에 유리한 재정 배분이 되고 말았다. 왜냐하면 지방소비세는 광역시·도세이기 때문이며, 기초 지방정부를 위한 합리적 재정 배분을 고려해야 한다. 특히, 2023년까지 추진한 2단계 재정분권은 일부 광역 지방정부가 거부하는 사태가 벌어지고 말았다(예, 광주 전남). 왜 재정분권을 거부하였을까? 여기에 단순히 답해 보면 돈이 줄어들었기 때문이다.

지방재정 위기를 초래한 내적·외적 요인

지방재정난을 초래한 요인은 크게 중앙-지방 재정 관계(intergovernmental relations) 및 중앙정부 정책이 초래한 외적 위기(거버넌스 실패)와 지방정부의 도덕적 해이가 초래한 내적 위기로 구분할 수 있다. 물론 두 요인이 복합적으로 작용한 때도 적지 않다. 중앙 편중적 재정의 구조적 한계를 여실히 드러내고 있지만 더 큰 문제는 지방정부의 도덕적 해이라 할 수 있다. 도적적 해이를 막아야 지방재정이 다시 살아난다. 왜냐하면 지방자치 이전과 전혀 다르지 않은 재정 구조(중앙 편중적 재정 구조)를 유지하고 있는 가운데, 지방자치의 근간을 훼손하지 않아야 한다는 미명 아래(중앙정부의 간섭 배제, 자율성 강화 주장), 선심성, 치적 쌓기용 사업을 계속 추진하면 지방재정은 나락으로 떨어지고 만다.

4. 중앙-지방 간 재정 관계 및 중앙정부 정책이 초래한 위기(거버넌스 실패)

중앙-지방 간 재정 관계가 초래한 지방재정 위기는 비합리적인 국세와 지방세의 조정, 중앙정부의 정책이 지방재정에 미친 영향(중앙정부의 정책이 결국 지방정부의 재정 부담으로 이어지는 경우) 등이다.

국세-지방세 조정 불합리(구조적 한계)로 인한 지방재정 위기

우리나라의 지방재정 위기는 근본적으로 지방정부의 내부 요인에 의해서 유발된 것이라기보다는 지방재정제도의 구조적 결함에 연유하는 바가 크다. 현재 지방재정 위기의 일차적 원인은 국민경제 전반의 경기 순환, 즉 불황 국면에서 경기에 민감하게 반응하는 지방세 체계의 특징에서 찾을 수 있다. 우리나라의 지방세 체계는 재산세 위주로 과세 기반이 구성되어 있어서 세수의 소득탄력성이 낮다. 따라서 지방재정의 수요 증대에 효과적으로 대응하기 어려운 구조이다. 〈그림 1-1〉은 국세 및 지방세의 구조에 관한 설명이다.

지방재정 악화의 궁극적인 원인은 지방재정제도의 구조적 결함에 있다. 구조적 결함으로는 크게 중앙-지방 세원(재원) 배분의 불균형과 과세자주권과 재정자주권의 제약을 들 수 있다. 2020년 기준 우리나라의 국세와 지방세의 비중은 75.3 : 24.7이다. 연방제인 미국과 독일은 국세의 비중이 50%를 상회하는 수준이다. 비연방제인 영국, 프랑스, 일본은 국세와 지방세 비중이 각양각색인데, 영국의 국세 비중은 95%, 프랑스의 국세 비

그림 1-1 조세 구조

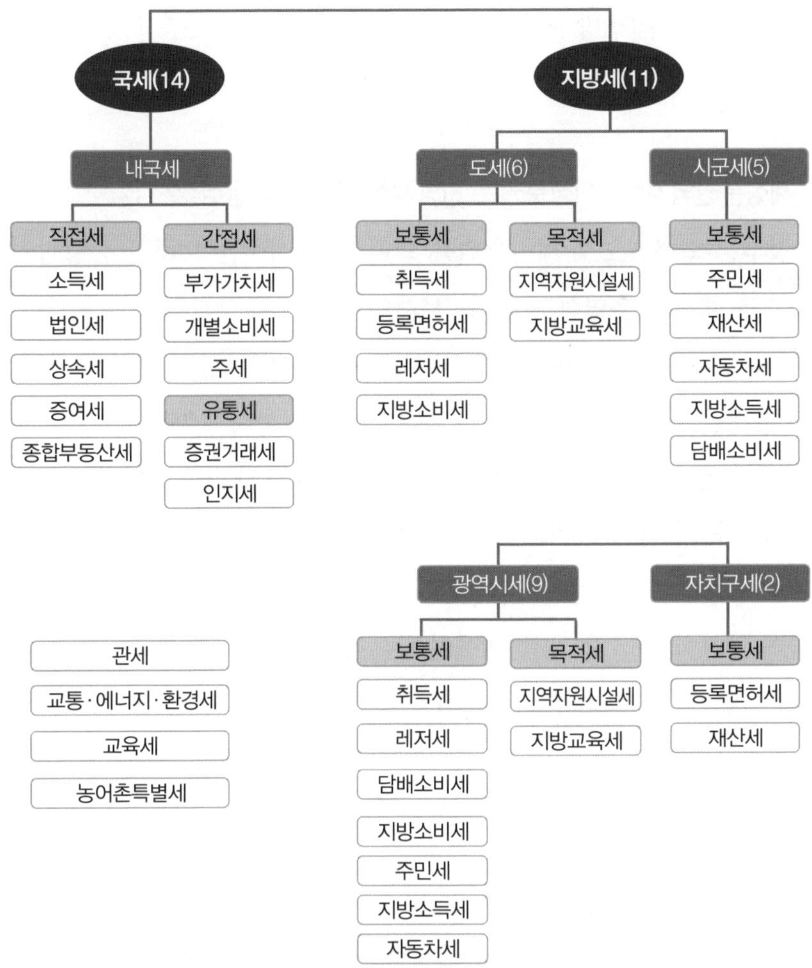

자료: 행정안전부(2023), p. 53.

중은 79%로 우리보다 높고, 일본(61.1%)은 우리보다 낮다. 우리나라의 국세 비율은 비연방제 국가의 평균에 근접한다. 문재인 정부는 국세와 지방세 비중을 장기적으로 6:4로 구현하겠다고 밝혔다. 이 같은 방향성은 타당하나, 재정분권의 방향이 주로 재정 확충에 초점을 맞추고 있어 명확한 의미에서는 '재정분권의 방향성이 틀렸다'(정성호, 2018).

재정분권의 미래: 재정분권은 지방재정 확충으로 달성되지 않는다

정부는 외형적으로 재정분권을 외치지만, 실상은 오히려 중앙집권화 방향으로 재정을 운영하고 있다. 문재인 정부가 주장하였던 것처럼 국세와 지방세 비중이 6:4가 된다고 해서 재정분권이 완성되는 것이 아니다. 이는 완전한 착각이고, 어찌 보면 수사어에 불과하다. 국세와 지방세 비중을 7:3 또는 6:4를 외칠 것이 아니라, 본질적인 재정분권을 추진했어야 하였다. 결국에는 수사어로 혹세무민한 것에 불과하였다. 윤석열 정부 또한 이와 별반 다르지 않다. 국세와 지방세의 조정도 필요하겠지만, 국고보조금의 과감한 축소 등 대폭 개편이 필요하다. 더 나아가 재정분권을 논의할 때 세입분권과 세출분권을 포괄적으로 검토해야 한다.

이미 설명한 바와 같이 돈만 더 달라고 하는 재정분권(재정 확충)은 분권과 거리가 아주 멀다. 재정(돈)만 더 달라는 재정 확충 의미의 재정분권

표 1-4 주요국의 국세 및 지방세 구조 (단위: %)

	연방제			비연방제			
	미국	독일	평균	영국	프랑스	일본	평균
국세	55.5	50.9	65.1	93.9	71.9	61.1	76.9
지방세	44.5	49.1	34.9	6.1	28.1	38.9	23.1

자료: 정성호(2018), p. 182.

은 틀려도 많이 틀렸다. 재정분권과 재정 확충이 동의어가 아님에도 불구하고 암묵적으로는 재정 확충을 재정분권으로 인식하고 있다. 중앙정부(또는 부처: 기획재정부, 행정안전부 등)는 재정분권을 반기지 않는다. 그렇다고 지역구 국회의원, 자치단체장이라 해서 재정분권을 반길 리 없다. 왜냐하면 선거철만 되면 지역구 국회의원이나 자치단체장은 본인이 헌신해 중앙정부로부터 예산을 얼마만큼 확보하였다고 생색을 내야 하는데(국비 50억 확보 등의 문구가 적힌 '플래카드'(placard)가 바로 이것이다), 이것이 불가능하기 때문이다(Jeong, 2022).

우리나라의 국세와 지방세의 비율은 75.3 : 24.7로 미국(55.5 : 44.5)과 독일(50.9 : 49.1)에 비해 국세의 비중이 높고, 영국(93.9 : 6.1)에 비해 국세의 비중이 낮으며, 프랑스(71.9 : 28.1)와 일본(61.1 : 38.9)에 비해 국세의 비중이 상대적으로 높다. 우리는 흔히 세수 비중에 기초해 집권과 분권을 논의하는데(경제학자 중심), 이는 잘못된 접근이다. 영국의 경우, 세수 구조로만 보면 집권 국가로 보이지만, 실상은 온전한 분권 국가이다.

우리나라는 국세(76.9%)와 지방세(23.1%)의 격차에도 우리 지방정부는 대부분 중앙정부로부터 지방교부세와 국고보조금 등의 형태로 재원을 이전받고 있기 때문에 총재정 사용액은 중앙정부(42.8%), 지방정부(44%), 지방교육(13.2%)의 형태를 유지하고 있다(행정안전부, 2020).

재정분권의 미래: 과세자주권과 재정자주권 확립으로

지방정부의 재정 대응 능력과 탄력성을 제약하는 요인 중 하나는 지방정부에 과세자주권과 재정자주권을 충분히 부여하고 있지 않다는 점이다. 지방재정 규모의 확대에도 지방정부의 재정자주권(자율성)은 상대적으로 위축되고 있다. 지방재정조정제도를 통한 조세 수입의 배분은 지방재원의 안정성과 형평성 확보에 기여하지만, 이전재원의 규모가 클수록 중앙재정에 대한 의존성이 높아지게 됨은 물론이고 책임성에 근거한 재정 운용 의식이 희박해진다. 지방교부세와 국고보조금 등 의존재원이 지속해서 증가하는 것은 지방자치의 근간을 훼손할 뿐만 아니라 지방정부가 자구 노력에 의한 세입 증대와 세출 절감 등을 모색하려는 유인이 사라지게 된다. 그 결과 중앙정부에 대한 의존성이 강화되어 결국은 도덕적 해이로 이어지게 된다.

중앙정부의 일방적인 감세 조치와 국고보조금 증가 요인

일방적인 감세 조치로 인한 지방세수 감소

2008년 금융 위기와 연이은 경제 위기를 극복하기 위해 중앙정부는 소득세와 법인세 등에 대한 일방적인 감세 조치를 취하였는데(내국세 감소), 내국세의 19.24%를 재원으로 하는 지방교부세 및 부동산 교부세의 세수를 크게 감소시켰다. 아울러 박근혜 정부 들어 양도소득세, 취득세 면제 등(모두 지방세)의 정책 추진은 지방재정을 더욱 어렵게 만들었다. 중앙정부의 재정 정책이 지방재정을 취약하게 만든 것이다. 지방정부와 협의 없이 중앙정부가 결정한 재정 정책의 피해는 고스란히 지방정부의 몫인데, 이는 중앙집권적 사고에서 비롯된다.

중앙정부의 부담 떠넘기기

국고보조금이 증가하면 대응지방비(matching fund) 부담액도 증가하게 된다. 국고보조금 중 대부분을 차지하는 것은 사회복지 분야 예산인데, 특히 사회안전망 구축, 저출산, 고령화 대책을 마련하기 위한 국가의 사회복지예산 지출은 지방비 지출과 직결된다. 문제는 중앙정부의 사회복지예산 증가 속도에 따른 지방정부의 재정 부담이 중앙정부보다 과중하다는 데에 있다. 지방정부의 대응지방비 지출이 증가하는 궁극적인 원인은 중앙정부가 일방적으로 정한 낮은 국고보조율(이를 '기준보조율'이라 함)에 있다. 국고보조사업에 대한 법정 기준보조율이 지나치게 낮게 책정되어 있어 지방재정에 막대한 부담으로 이어진다는 것이다. 궁극적으로 중앙정부의 사무인데, 재원도 주지 않고 지방정부에 떠맡기는 형국이라 할 수 있다. 이를 재정 지원 없는 권한 위임(unfunded mandate)이라 부른다. 미국의 경우, 이러한 사례가 발생하면 연방정부와 주 정부가 소송을 여러 차례 진행하였다(우리나라의 경우라면, 감히 상상조차 할 수 없겠지만…).

5. 개별 지방정부의 도덕적 해이가 초래한 내적 위기 요인

개별 지방정부의 도덕적 해이가 초래한 내적 재정 위기 또는 재정 건전정 악화는 크게 방만한 재정 운용과 부실한 재정 관리라 할 수 있다.

방만하고 부실한 재정 운용: 자율성이 아닌 자의성만 증가

1995년 민선 자치단체장 선거 이후 지방분권이 가속화되면서 단순히 지방재정 운영에 대한 자율성만 높아지게 되었다. 자치단체장들의 재선을 위한 선심성 재정 운영 및 업적을 남기기 위해 추진하는(치적 쌓기) 각종 지방사업은 방만한 재정의 대표적 사례이며, 막대한 부채를 발생시켰다. 대표적인 예로 인천광역시의 월미바다열차 사업과 도시축전, 용인시의 경전철 사업, 태백시의 오투리조트 사업 등으로 인해 지방정부가 빚더미에 나앉게 되었다. 형식적인 투자심사 등을 통한 방만하고도 부실한 재정 운영은 재정 건전성을 악화시킨 주범이라 하겠다.

재정의 부실 관리: 만연한 부정 회계 관행

재정 부실 관리에 관한 내용은 감사원이 발표한《지방재정 건전성 진단점검결과》(2011) 보고서에 잘 정리되어 있다. 이 보고서에 의하면, 많은 지방정부들이 세입예산 과소 계상, 세출예산 과대 계상, 포괄사업비 등 변칙적 예산 운용, 세수결손보존을 위한 내부거래(특별회계의 일반회계로의 전출, 회계 간 상호 전용), 적자 은폐를 위한 분식회계(결산) 등을 이용하여 지방재정의 투명성을 해치고 있다. 분식회계도 문제이지만 과도한 순세계잉여금(다음 해 추가경정예산 재원으로 활용)을 남기는 것은 더욱 문제이다.

6. 재정제도의 문제: 지방재정과 교육재정의 분리

제도적 한계에서 비롯된 재정 낭비를 간과해서는 안된다. 예를 들면, 투자심사의 강화, 재정사업 이력제와 정책실명제 도입, 실질적 재정 위기 사전경보 시스템(early warning system) 부재(그나마 있던 사전경보 시스템을 폐지), 지방채 발행 한도의 예외조항 등은 다분히 치유되어야 할 문제들이다. 아울러 지금까지 지방재정을 논의할 때 일반재정의 문제(즉, 지방정부)만을 다루어 왔다. 하지만 이는 바람직하지 않다. 국제 기준을 보더라도 교육재정은 지방재정의 범주이다. 따라서 지방정부의 일반재정과 교육재정을 포괄적으로 보아야 한다.

남아도는 지방교육재정(내국세의 20.79%)

교부세(또는 교부금) 특성상 내국세의 비율로 산정되기 때문에 현 지방교육재정교부금은 학령인구 감소를 전혀 반영하지 않고 있다. 일선 학교 현실을 감안해 볼 때, 교육재정은 남아서 어찌 쓸까를 고민하기 일쑤이다. 한마디로 일반재정에 비해 교육재정은 재정 운영 측면에서 볼 때

여기서 잠깐

지방정부의 교육재정과 일반재정을 구분해 보자. 지방정부의 일반재정은 지방정부가 지출하는 재정을 의미하고, 교육재정은 지방 교육청(17개)이 지출하는 재정을 의미한다.

상당한 여유가 있다는 것이다. 그럼에도 불구하고, 교육부(교육청)는 '고교무상교육'에 난색을 표시하며 또 다른 재원을 요구하였고, 고등교육(대학) 재원마저 요구하였다. 그 결과 고등·평생교육지원특별회계(한시 법률)가 신설되었다. 저자의 견해로는 추가적인 재원 지원 없이도 고교무상교육은 물론 고등평생교육 재원으로 충분하며, 교육재정은 차고도 넘친다. 2015년 이후 지방교육재정교부금의 이월 및 불용 규모는 연 6조 원 정도가 된다. 앞으로 학령인구 감소를 반영하면 연 25조 원의 재원이 남게 된다(국가재정운용계획지원단, 2021). 교육재정 지출의 범주를 재설계해야 한다. 예컨대, 국립대학 무상교육, 취학 전 아동교육 등의 재원으로 활용할 수 있다(정성호, 2021).

일반재정과 교육재정은 통합해야

교육자치를 골자로 교육부는 과거 일제 강점기 때 교육 패턴에서 벗어나지 못하고 있음은 주지하고 있는 사실이다. 지방 교육청으로 이관된 사무들을 고려해 볼 때, 교육부의 존치 여부도 고려해 보아야 한다(현시점에서 볼 때 '교육위원회'면 족한 듯하고, 사회부총리 역할도 시대착오적 발상인 듯…). 교육부는 수사어적 표현(창의인재 등)이 난무하지만, 제대로 된 교육정책이라고는 찾아볼 수가 없다. 그 예가 바로 자유학기제이다. 외국의 자유학기제가 무엇을 지향하는지 되짚어 보아야 한다. 또 다른 예를 들면 교육부가 대학을 줄 세우기 하는 나라가 있는지 확인해 보아야 한다. 글로컬대학도 방향성은 맞으나 목표가 불분명하고 재정만 지출하는 형국에서 크게 벗어나지 못하고 있다. 대학들로 하여금 그저 돈만 받아 배만 불리면

되는 구조를 만들어 버렸다. 지금이라도 새로운 시각에서 틀을 다시 짜야 한다. 왜냐하면 이미 실패할 것이라는 예측이 가능한 정책이란 이야기다. 우리나라의 공교육은 전혀 신뢰 받지 못함은 물론 방만 운영의 대명사라 할 수 있다. 이제 새로운 시각에서 학령인구를 반영하는 등 다양한 대안을 모색함과 동시에 교육재정교부금의 현행 내국세 일정 비율 유지를 지속할 것인지 검토가 필요하다. 지방교육재정교부금의 법정 이전 규모(내국세의 20.79%) 조항을 삭제하고, 한시법률로 매 5년마다 법정 이전 규모를 재산정할 필요가 있다(정성호, 2022). 또 다른 대안으로 지방정부의 일반재정과 통합 운영을 고려할 필요가 있다. 일반재정과 교육재정이 합쳐져야만 진정한 의미의 재정분권의 시작이라 할 수 있을 것이다.

여기서 잠깐

글로컬대학, 단순히 돈만 뿌리는 방식이라면 폐지도 고려해야

글로컬대학 정책은 저출생과 지역 소멸 위기를 극복하고, 지역 발전과 국가 경쟁력을 강화하기 위해 도입된 중요한 전략이다. 하지만 지금의 정책을 보면 과거처럼 단순히 재정을 투입하는 방식에서 크게 벗어나지 못하였다. 돈만 지원하면 지역 대학이 살아나고 지역경제가 활성화될 것이라는 기대는 현실과 동떨어진 접근이다. 정책이 분명한 목표를 달성하지 못한다면, 과감히 폐지하거나 근본적으로 다시 설계해야 한다.

현재 글로컬대학 정책은 대학에 재정을 지원해 운영을 유지하는 데 초점이 맞추어져 있다. 그러나 대학이 지역 사회와 경제에 실질적으로 기여하지 못한다면, 이는 막대한 예산이 허투루 쓰이는 '버닝머니'(burning money)로 끝날 위험이 있다. 재정 지원은 목표를 달성하기 위한 수단일 뿐, 성과 없는 돈 쓰기는 더 큰 문제를 낳는다. 따라서 명확한 목표와 평가 체계, 지역 맞춤형 전략이 반드시 필요하다.

교육부는 글로컬대학 정책을 성공적으로 추진하기 위해, 기존에 시행하였던 ACE(대학자율역량강화사업), BK21(두뇌한국21) 같은 사업의 성과를 먼저 철저히 평가할 필요가 있다. 이들 정책은 대학 교육의 질을 높이고 연구 경쟁력을 강화하기 위해 대규모 예산을 투입하였지만, 각 대학이 이를 어떻게 활용하였는지에 대한 검토는 미흡하다는 비판도 있다. 글로컬대학이 과거 정책의 실패를 반복하지 않으려면, 기존 사례를 면밀히 분석하고 이를 바탕으로 실효성 있는 정책을 설계해야 한다.

특히, 글로컬대학 정책이 국립, 도립, 사립 대학을 무리하게 통합하는 방식으로 추진되어서는 안된다. 통합이 자원의 낭비를 줄일 수 있다는 기대는 있을 수 있지만, 통합 자체가 목표가 되어서는 안된다. 각 대학이 지닌 고유한 역할과 강점을 유지하면서도 지역의 특성을 반영한 맞춤형 지원 체계를 마련해야 한다. 이 과정에서 거점국립대학 위주의 지원을 고려하되, 국립대학, 도립대학, 사립대학이 각자 다른 방식으로 지역사회에 기여할 수 있는 구조를 설계하는 것이 더 중요하다.

또한 정책이 지속 가능하려면 성과 중심의 지원 체계를 도입해야 한다. 지금처럼 모든 대학에 동일하게 재정을 지원하는 방식은 비효율적이다. 대학별로 성과를 평가해 우수한 성과를 내는 대학에 재원을 집중하고, 성과가 저조한 대학은 운영 방식을 전환하거나 구조를 조정해야 한다. 이를 통해 재정을 효율적으로 사용할 수 있다.

글로컬대학 정책이 정권 변화에 따라 흔들리지 않으려면 법제화를 통해 정책의 일관성을 확보해야 한다. 장기적인 관점에서 정책을 운영할 수 있는 기반을 마련해야 하며, 지역 주민과 산업계, 공공기관이 대학 운영과 성과 창출 과정에 적극 참여할 수 있도록 협력 체계를 강화해야 한다. 대학이 지역사회와 단절된 채 독립적으로 운영된다면 정책은 실효성을 잃게 된다.

결국 글로컬대학 정책은 단순히 대학을 유지하기 위한 임시방편이 되어서는 안된다. 명확한 성과 목표와 평가 체계, 지역 맞춤형 전략, 그리고 지속 가능성을 보장하는 제도적 장치를 갖추어야 실질적으로 작동할 수 있다. 반대로, 목표를 달성하지 못하고 단순히 재정을 투입하는 방식에 그친다면, 정책은 폐지하거나 전면 재구조화하는 것이 더 나은 선택이 될 것이다.

글로컬대학은 지역 대학의 생존을 넘어서, 지역 혁신과 국가 경쟁력을 강화하는 중심 역할을 해야만 그 의미를 가질 수 있다.

2

현행 재정위기관리제도, 무늬만?

1. 재정 위기 관리
2. 법 제도적 측면의 한계

이 장은 정성호(2024), 〈지방재정위기관리제도의 한계와 개선방안: 법적 정합성과 제도적 실효성 제고를 중심으로〉, 《정부회계연구》, 제22권 제3호의 일부 내용이다.

국가 전체	지방
누구의 잘못이 더 클까? **행정안전부(only)** 잘못된 제도설계	자율성: 중간
	책임성: 낮음

1. 재정 위기 관리

지방재정위기관리제도는 「지방자치법」과 「지방재정법」 등에 규정되어 있고, 사전적 관리와 사후적 관리 수단으로 구분된다. 사전적 관리 수단은 중기지방재정계획, 투자심사, 지방채 발행이고, 사후적 관리 수단은 재

표 2-1 지방재정위기관리제도의 유형

구분		주요 내용	법적 근거
사전적 관리	중기지방 재정계획	계획 수립을 통해 국가계획 및 지역 계획과 연계된 재원의 전략적 배분	「지방재정법」 제33조
	투자심사	투자사업의 필요성과 타당성 심사	「지방재정법」 제37조, 제37조의2
	지방채 발행	지방채 발행 한도액 내 지방채 발행 허용	「지방자치법」 제139조 「지방재정법」 제11조
사후적 관리	지방재정분석·진단	재정보고서의 내용 분석, 재정 상태 점검	「지방재정법」 제55조, 제57조
	재정주의단체·재정위기단체 지정	재정분석과 재정진단 결과 기초, 재정주의 및 재정위기단체 지정	「지방재정법」 제55조의2 등
	긴급재정관리 단체 지정	재정 위기 상황 극복이 어려운 경우 긴급재정관리단체 지정	「지방재정법」 제60조의3 등

자료: 정성호(2024), p. 58.

여기서 잠깐

과거에는 재정 위기 사전경보 시스템이 존재하였다. 그런데 지금은 그 제도가 사라졌다. 그 모양은 이러하다.

재정지표 모니터링
- 세입결손
- 자금 현황
- 지방 채무
- 낭비성 지출

→ 종합분석

재정위기 사전위기경보
- 정상 ●(녹색)
- 주의 ●(황색)
- 심각 ●(적색)

→ 심층진단 (재정위기관리위원회)

위험등급별 재정위기관리대책
- 주의단체: 세출 · 채무조정 자구노력 권고
- 심각단체: 재정위기단체지정 재정건전화 조치

과거 지방재정 위기 사전경보 시스템 운영규정, 제3·4조에 규정된 기준은 다음과 같다(행정안전부훈령 제198호, 2011. 10. 12).

표 2-2 재정 위기 사전경보 시스템 기준 판단 기준(산정 방식)

시행령	지표	산정 방식	'주의' 기준	'심각' 기준
제65조의2 제2항 제1호	통합재정수지 적자 비율	$\frac{\text{(세입-지출 및 순융자)}}{\text{통합재정 규모}}$	25% 초과	30% 초과
제65조의2 제2항 제2호	예산 대비 채무 비율	$\frac{\text{지방채무 잔액}}{\text{총예산}}$	25% 초과	40% 초과
제65조의2 제2항 제3호	채무 상환비 비율	$\frac{\text{지방채무 상환액}}{\text{일반재원}}$	12% 초과	17% 초과
제65조의2 제2항 제4호	지방세 징수액 현황	$\frac{\text{당해 연도별 월별 누적징수액}}{\text{최근 3년 평균 월별 징수액}}$	80% 미만	70% 미만
제65조의2 제2항 제5호	금고 잔액 현황	$\frac{\text{당해 연도 분기말 잔고}}{\text{최근 3년 평균 분기말 잔고}}$	20% 미만	10% 미만
제65조의2 제2항 제6호	공기업 부채 비율	$\frac{\text{부채}}{\text{순자산}}$	400% 초과	600% 초과

표 2-3 지방재정위기관리제도의 변천

구분	주요 내용
「지방재정법」(시행 1988. 5. 7)	재정분석·진단제도 도입(제118조)
「지방재정법」(시행 1995. 4. 1)	재정분석 결과, 재정 건전성과 효율성이 현저히 떨어지는 지방자치단체에 대해 재정진단 시행(제118조)
「지방재정법」(시행 2006. 1. 1)	재정진단 결과에 따라 재정 건전화 계획 수립 및 이행 권고(제55조 제3항) 재정분석·진단위원회 설치(제56조) 건전성과 효율성 등이 우수한 지방자치단체에 대한 특별교부세 교부(제57조)
「지방재정법」(시행 2011. 9. 9)	재정위기단체지정제도 도입(제55조의2) 지방재정위기관리위원회(제56조) 지방채 발행 및 재정투융자사업 예산편성 제한(제55조의4)
「지방재정법」(시행 2016. 6. 30)	긴급재정관리단체지정제도 도입(제60조의3 등)

자료: 정성호(2024), p. 59.

정분석·진단, 재정주의·재정위기단체 지정, 긴급재정관리단체 지정이다.

지방재정위기관리제도의 변천 과정을 살펴보자. 그 과정은 〈표 2-3〉과 같다.

지금부터 현행 지방재정분석·진단 지표에 관해 살펴보자. 지표는 건전성, 효율성, 계획성 등 3개 분야 14개 지표로 구성되어 있고, 개별 지표는 가중치와 개선도 반영 비율이 적용된다.

행정안전부는 매년 재정보고서를 분석한 후, 분석 결과가 우수한 지방정부는 인센티브로 특별교부세를 교부하고, 반대로 부진한 지방정부는 재정진단을 시행한다. 또한 재정 위험 수준 점검 기준을 초과한 지방정부는 재정진단을 시행한다. 재정진단 결과 정상 단체로 평가되면 별 문제가 없지만, 부진 단체로 평가되면 재정주의단체 또는 재정위기단체로 지정

표 2-4 지방재정분석 지표별 평가 비중(2023년 기준)

<table>
<tr><th colspan="2" rowspan="2">분야</th><th colspan="2" rowspan="2">재정분석 지표</th><th colspan="2">2023</th><th rowspan="2">비교</th></tr>
<tr><th>가중치</th><th>개선도
반영 비율</th></tr>
<tr><td rowspan="6">건전성
(30%)</td><td rowspan="2">수지 관리</td><td colspan="2">① 통합재정수지 비율</td><td>6%</td><td></td><td></td></tr>
<tr><td colspan="2">② 경상수지 비율</td><td>3%</td><td></td><td>분석 지표</td></tr>
<tr><td rowspan="3">채무 관리</td><td colspan="2">③ 관리채무 비율(증감률)</td><td>9%</td><td>비율 : 증감률
6 : 4</td><td>증감률 반영</td></tr>
<tr><td colspan="2">④ 관리채무 상환 비율</td><td>3%</td><td></td><td>참고 지표</td></tr>
<tr><td colspan="2">⑤ 통합유동부채 비율</td><td>5%</td><td></td><td></td></tr>
<tr><td>공기업
관리</td><td colspan="2">⑥ 공기업 부채 비율[1)]</td><td>4%</td><td></td><td>부채 제로 단체
중위등급 부여</td></tr>
<tr><td rowspan="8">효율성
(60%)</td><td rowspan="5">수입 관리</td><td rowspan="2">⑦ 자체수입 비율
(증감률)</td><td>지방세</td><td>7%</td><td rowspan="2">비율 : 증감률
4 : 6</td><td></td></tr>
<tr><td>세외수입</td><td>6%</td><td></td></tr>
<tr><td colspan="2">⑧ 지방세징수율(제고율)</td><td>7%</td><td>비율 : 제고율
4 : 6</td><td></td></tr>
<tr><td rowspan="2">⑨ 체납액 관리 비율
(증감률)</td><td>지방세</td><td>9%</td><td rowspan="2">비율 : 증감률
4 : 6</td><td></td></tr>
<tr><td>세외수입</td><td>9%</td><td></td></tr>
<tr><td rowspan="3">지출 관리</td><td colspan="2">⑩ 지방보조금 비율(증감률)</td><td>7%</td><td>비율 : 증감률
4 : 6</td><td></td></tr>
<tr><td colspan="2">⑪ 출자·출연·전출금 비율
(증감률)</td><td>6%</td><td>비율 : 증감률
4 : 6</td><td></td></tr>
<tr><td colspan="2">⑫ 자체경비 비율(증감률)</td><td>9%</td><td>비율 : 증감률
4 : 6</td><td></td></tr>
<tr><td rowspan="3">계획성
(10%)</td><td rowspan="2">재정계획</td><td colspan="2">중기재정계획 반영 비율</td><td>–</td><td></td><td>보조(분석)
지표로 전환</td></tr>
<tr><td colspan="2">⑬ 세수오차 비율(개선도)</td><td>4%</td><td>비율 : 개선도
8 : 2</td><td></td></tr>
<tr><td>재정집행</td><td colspan="2">⑭ 이·불용액 비율</td><td>6%</td><td></td><td></td></tr>
</table>

주: 1) 「지방공기업법」 제49조에 따라 설립된 지방공사로 한정.
자료: 행정안전부 · 한국지방세연구원(2023)에서 발췌.

▌**그림 2-1** 재정분석 및 재정 위기 관리 절차(법적 관점)

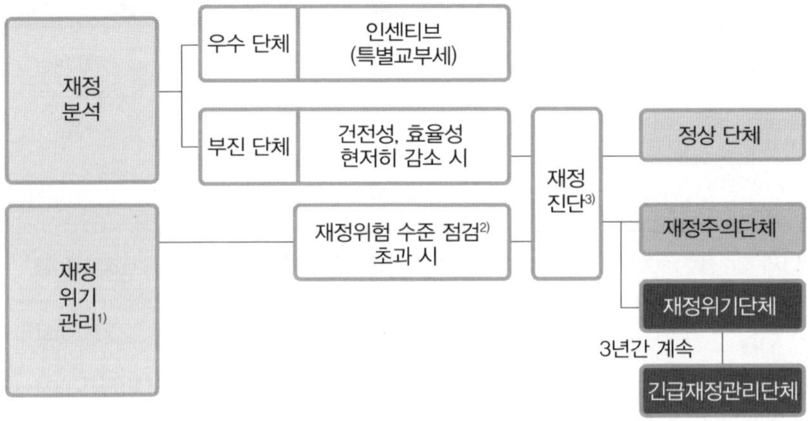

주: 1) 재정위기관리제도: 지방자치단체의 주요 재정 지표에 대해 재정 위험 수준을 점검하여 지방자치단체의 재정 위기를 사전에 예측하고 선제적으로 대응하는 일련의 과정.
2) 재정 위험 수준 점검: 지방자치단체의 재정 위험 수준을 판단하기 위하여 재정 지표를 주기적으로 점검하고 필요한 경우 추가로 자료를 검토하는 일련의 과정.
3) 재정진단: 재정 위험 수준 점검 결과, 재정 위험이 우려되는 지방자치단체를 대상으로 정밀 분석을 시행하는 일련의 과정.

자료: 정성호(2024), p. 64.

될 수 있다. 더 나아가, 재정위기단체로 지정된 이후 그 상태가 3년간 지속되면 해당 지방정부는 긴급재정관리단체로 지정된다.

재정분석 진단, 재정주의 및 위기단체, 긴급재정관리단체 지정에 관한 한계

현행 재정분석 진단 기준(6개 지표) 중에서 예산 대비 채무 비율은 유용한 지표지만 다소 한계가 내재되어 있다. 예를 들어, 지방채를 발행하여 채무 비율은 급격히 늘었으나, SOC 건설과 관련하여 국고보조금이 급증하여 예산 규모가 늘어날 경우, 실제 채무가 개선된 것으로 인식할 수 있다. 따라서 예산 대비 채무 비율 지표를 사용하되, 위 경우에 한해 세부적

표 2-5 재정진단 및 재정위기관리제도 구분(재정 관점)

구분	재정진단[1]	재정주의단체[2]	재정위기단체[3]	긴급재정관리단체[4]
통합재정수지 적자 비율	25% 초과	25% 초과~30% 이하	30% 초과	45% 이상
예산 대비 채무 비율	25% 초과	25% 초과~40% 이하	40% 초과	n/a
채무 상환비 비율	12% 초과	12% 초과~17% 이하	17% 초과	25.5% 이상
지방세 징수율	80% 미만	70% 이상~80% 미만	70% 미만	50% 이상
금고 잔액 비율	20% 미만	10% 이상~20% 미만	10% 미만	50% 이하
공기업 부채 비율	400% 초과	400% 초과~600% 이하	600% 초과	지방공사 순자산의 9배 이상
지방채 발행 및 채무 부담 행위 총액				지방채 발행액, 보증채무 부담 행위 중 채무 이행금액, 채무 부담 행위의 총합계액이 최종 예산의 60% 이상

주: 1) 「지방재정법」 제55조 제3항 제2호에 따른 점검 결과 재정 위험 수준이 기준을 초과하는 지방자치단체를 의미(재정 위험 수준 점검). 또한 같은 법 제55조 제3항 제1호에 따른 재정분석 결과, 재정의 건전성과 효율성이 현저히 떨어지는 지방자치단체에 대해 재정진단이 가능하도록 규정(재정분석).
2) 재정 위험 수준이 심각한 수준에 해당되지 아니하나, 재정의 건전성 또는 효율성 등이 현저하게 떨어졌다고 판단되는 지방자치단체(「지방재정법」 제55조의2 제1항 제2호).
3) 재정 위험 수준이 심각하다고 판단되는 지방정부(「지방재정법」 제55조의2 제1항 제1호).
4) 재정위기단체로 지정된 때부터 3년간(지난날 또는 그 이후) 이행 수준이 재정위기단체로 지정된 때의 재정 위험 수준보다 악화된 지방자치단체(「지방재정법」 제60조의3 제1항 제1호).

자료: 정성호(2024), p. 65.

인 분석이 병행되어야 한다. 특히, '재정주의단체', '재정위기단체 심각' 기준에 해당하는 지방정부에 한해 내용을 적용할 수 있을 것이다.

개별 분석 지표가 완벽할 순 없지만, 개별 지표마다 적잖은 한계가 내재되어 있다. 특히, 공기업 부채 비율 지표는 다양한 이견이 있을 수 있다. 우선, 공기업 부채 비율이 100분의 400을 초과하는 지방정부는 이미 재정 위기가 발생한 것으로 보아야 한다는 지적이 있다(정성호, 2013). 또 공기업 부채 비율이 「지방재정법」 제59조의 지역통합재정통계 작성 관점에서는 타당할 수 있으나, 지방정부의 재정 위험 수준을 판단하는 데 이를 포함하는 것은 적절하지 않다. 지방정부의 재정 위험을 평가하는 지표이기 때문에 지방정부 자체에 한정하는 것이 타당하다는 논거이다. 그런데 이 지표의 포괄 범위는 지방공사로 한정하고 있다. 「지방공기업법」에 따르면, 지방공사는 간접 경영 형태의 지방공기업으로 분류된다. 지방공사(공기업)는 지방정부의 회계 실체나 보고 실체에 포함되지 않는다. 회계 실체는 재무제표를 작성하는 단위('회계 및 기금'을 의미)를 말하고, 보고 실체는 재무제표를 작성해 보고하는 단위('지방자치단체의 장'을 의미)를 말한다. 함축하면, 지방정부의 재정 건전성을 관리하는 지표로 공기업 부채 비율이 활용되고 있는 것은 합리적이지 않다는 것이다. 공기업 부채 비율 대신 지방정부가 지방공사에 지급보증한 금액을 지표로 활용하는 것이 더 적절한 대안이 될 수 있다.

임시방편 땜질식 처방(진단)이 문제

아울러 국세와 지방세 비율이 77 : 23에 가까운 현실을 고려할 때 지방정부가 중앙정부에 재정 의존 경향이 심화되고, 재정분석·진단 및 결과에 대한 지방정부의 환류 또한 저해하고 있다. 이와 같은 한계로 인해 지방재정분석·진단제도는 지방정부에 대한 재정 컨설팅의 성격을 지니며, 재정위기단체의 구조조정을 위한 강제성 있는 처방은 아니라고 볼 수 있다. 가장 큰 문제는 재정분석·진단제도가 현금주의와 발생주의 기준의 지표를 혼용 사용함은 물론 제도 변천 과정에서 임시방편의 땜질식 처방으로 지표를 설계하고 있다는 점이다. 원천적으로 실질이 보장되는 재정분석 진단 지표의 개발이 필요할 것이며, 사후 진단 체계라 할지라도 모니터링이 가능해야 할 것이다. 아울러 현재와 같이 전문가의 평가 방식이 아니라 e-호조 시스템을 활용한 재정분석·진단이 가능해야 한다.

2. 법 제도적 측면의 한계

「지방재정법」 제5장과 제5장의2의 관계

「지방재정법」 제5장의 제목은 '재정분석 및 공개'이며, 주요 내용으로는 재정 운용에 관한 보고(제54조), 재정분석 및 재정진단(제55조), 재정위기단체 및 재정주의단체의 지정 및 해제(제55조의2), 재정위기단체의 의무(제55조의3), 재정위기단체의 지방채 발행 제한(제55조의4), 재정 건전화 이행이 부진한 지방정부에 대한 불이익 부여(제55조의5), 지방재정위기관리위원회의 설치 및 운영(제56조), 지방재정 분석 결과에 따른 조치(제57조), 지방재정에 대한 특별지원(제58조), 지역통합재정통계의 작성(제59조), 지방재정 운용 상황의 공시(제60조), 통합공시(제60조의2) 등이 포함되어 있다. 같은 법 제5장의2는 '긴급재정관리'를 주제로 하며, 긴급재정관리단체의 지정 및 해제(제60조의3), 긴급재정관리인의 선임 및 파견(제60조의4), 긴급재정관리계획의 수립(제60조의5), 긴급재정관리계획의 이행(제60조의

6), 긴급재정관리단체의 예산안 편성(제60조의7), 긴급재정관리단체의 지방채 발행 제한(제60조의8), 국가 등의 지원(제60조의9) 등의 규정을 포함한다. 그러나 제5장의 재정주의단체 및 재정위기단체 지정 등은 '재정분석 및 공개'라는 주제와 직접적인 관련성이 적으며, 오히려 제5장의2에 규정된 재정진단제도, 재정위기단체 지정제도, 긴급재정관리단체 지정제도와 밀접하게 연계되어 있다. 그런데도 이 조항들은 별도의 장(제5장과 제5장의 2)으로 나누어 규정되어 있다.

재정분석, 재정 위험 수준 점검, 재정진단의 관계

「지방재정법」 제55조 제3항에 따르면, 재정진단은 제55조 제1항에 따른 재정분석 결과, 재정의 건전성과 효율성이 현저히 떨어지는 지방정부를 대상으로 한다. 이로 인해 재정분석과 재정진단은 서로 연계되어 있다. 또한 제55조 제2항에 따르면, 재정위험 수준 점검 결과, 대통령령으로 정하는 기준을 초과한 지방정부에 대해서는 재정위험 수준을 점검하는 제도(재정점검제도)가 적용된다. 이 제도는 재정분석과는 별개의 제도로, 재정위험 수준 점검에 따른 재정진단을 시행하게 된다.

재정분석(14개 지표)과 재정점검 지표(6개 지표) 간에는 교집합이 존재하지만, 재정분석 지표가 더 광범위하다. 또한 재정점검제도는 「지방재정법 시행령」 제65조 제5항에 따라 분기별로 지방재정 관리 시스템(e-호조)에 입력된 자료를 바탕으로 점검이 이루어지기 때문에, 이전 회계연도의 결산 자료를 바탕으로 분석하는 재정분석과 차이가 있다. 결국, 이 두 제도는 서로 상이하지만 연계되어 운영되고 있다.

한편, 재정분석과 재정점검제도는 그 사후 조치에서 차이가 있다. 재정분석은 제재적 조치가 목적이 아니라, 우수한 지방정부에는 인센티브를 부여하고, 부진한 지방정부에는 효율적이고 건전한 재정 운용을 유도하는 데 그 목적이 있다. 반면, 재정분석 지표의 일부는 재정 위기의 발생에 직접적인 영향을 미치지 않는다. 즉, 재정분석 결과 우수한 지방정부라고 해서 재정 위기의 발생 가능성이 전혀 없다고 할 수 없고, 반대로 부진한 지방정부라고 해서 재정 위기가 반드시 발생하거나 그 우려가 있다고 단정할 수는 없다(김동균, 2022). 재정점검제도는 지방정부의 실제 재정위기 발생 가능성을 검토하는 것이 목적이다. 따라서 재정점검과 재정위기단체 지정제도에서 '재정분석 결과 재정의 건전성과 효율성이 현저히 떨어지는 지방정부'를 포함하는 것은 타당하지 않다. 이에 따라 재정진단은 재정위험 수준 점검의 결과만을 근거로 시행하는 것이 더 합리적일 수 있다.

재정분석, 재정진단, 재정위기단체 지정의 관계

「지방재정법」 제55조 제3항 제1호에 따르면, '재정분석 결과' 재정의 건전성과 효율성 등이 현저히 떨어지는 지방정부가 '재정진단의 대상'이 된다. 또한 같은 법 제55조의2 제1항에 근거하여 재정분석 결과와 재정진단 결과를 기초로 '재정위기단체' 또는 '재정주의단체'로 지정할 수 있다. 이는 「지방재정법」에서 규정된 제도가 서로 연계되어 운영되고 있다는 것을 의미한다. 그러나 「지방재정위기관리제도 운영 규정」(행정안전부 훈령)

에 따르면, 재정분석과 재정위기단체 지정 제도가 서로 직접적으로 연계 운영되고 있다고 보기 어렵다. 예를 들어, 운영 규정 제1조(목적)에서는 지방재정위기관리제도의 포괄 범위에「지방재정법」제55조 제1항에 따른 재정분석이 포함되지 않는다고 명시하고 있다. 또한 제5조(재정진단)에서는 재정 위험 수준이 일정한 기준에 해당하는 지방정부에 대해 '서면분석'을 규정하고 있지만, 이는「지방재정법」제55조 제1항에 따른 재정분석과는 다른 개념으로 볼 수 있다(김동균, 2022).

또한 재정분석의 지표와 시기 역시 재정위기단체 지정 기준과 차이가 있다. 물론「지방재정법」제55조 및 제55조의2에 따르면, 재정분석 결과 효율성과 건전성이 현저히 떨어지는 지방정부는 지방재정위기관리위원회의 심의를 거쳐 재정주의단체 또는 재정위기단체로 지정된다. 그러나 재정분석은 전년도 결산 자료를 기반으로 하고, 재정점검은 분기별 자료를 활용하기 때문에 두 제도 간 시기와 방식에서 차이가 있다. 이에 따라 지방정부를 재정위기단체로 지정하기 위해서는 재정 위험 수준을 다시 점검할 필요가 있으나, 이와 관련된 내용은「지방재정법」에 명확히 규정되어 있지 않다. 특히, 재정분석 결과를 기반으로 한 재정 위험 수준 점검 시점에 대한 명확한 설명이 부족하다(김동균, 2022).

이러한 시기와 방식의 차이는 단순 절차적 차이에 그치지 않고 실질적인 문제를 초래할 수 있다. 예를 들어, 재정분석이 전년도 자료에 의존해 현시점의 재정 위기를 반영하지 못하면, 지방정부가 적시에 재정위기단체로 지정되지 못할 수 있다. 반면, 재정점검은 분기별 자료를 사용하지만, 두 제도 간의 연계 부족으로 인해 실질적인 대응이 지연될 수 있다.

따라서 두 제도의 차이는 재정 위험 관리를 방해할 수 있으며, 단순한 목적 차이로 설명할 수 없다. 따라서 두 제도의 시기 및 방식의 연계를 강화해 지방정부의 재정 위험을 일관되게 관리할 수 있도록 「지방재정법」을 보완할 필요가 있다.

재정위기단체 지정과 긴급재정관리단체 지정의 관계

「지방재정법」 제60조의3 제1항 제1호에 따르면, 행정안전부 장관은 "제55조의2에 따라 재정위기단체로 지정된 지방정부가 제55조의3에 따른 재정 건전화 계획을 3년간 이행하였음에도 불구하고 재정위기단체로 지정된 시점보다 재정 위험 수준이 악화된 경우" 지방재정위기관리위원회의 심의를 거쳐 해당 지방정부를 긴급재정관리단체로 지정할 수 있다. 이처럼 재정위기단체 지정과 긴급재정관리단체 지정은 서로 밀접하게 연계되어 운영된다. 그러나 「지방재정법」에서는 이 두 제도를 제5장과 제5장의2로 구분해 규정하고 있다. 재정위기단체 지정은 재정 위기 발생 가능성을 사전에 경고하고 이를 통해 지방정부가 다시 건전한 재정 상태로 회복하도록 유도하는 것이다. 반면, 긴급재정관리단체 지정 제도는 심각한 재정 위기가 발생하여 지방정부 스스로 재정을 관리할 수 없는 상황에 대해 국가의 적극적인 개입을 전제로 하고 있다. 이러한 차이는 「지방재정법」에서 확인할 수 있으며, 재정위기단체와는 달리 긴급재정관리단체에는 긴급재정관리인이 파견되고, 국가의 행정적·재정적 지원이 규정되어 있다. 비록 두 제도가 지방재정 위기를 관리하는 공통된 목적이 있지만, 현재는 별도의 장으로 분리되어 규정되고 있어 그 연계성이 약화될 우려가 있다. 이 두 제도는 분리되어 운영될 것이 아니라 하나의 장에 순차적으로 규율하여 상호 간의 연계성을 강화하는 것이 더 합리적이다. 이를 통해 법체계의 정합성을 제고하고, 재정 위기 관리의 효율성을 높일 수 있을 것이다.

이미 설명한 바와 같이, 현행 「지방재정법」이 개정되기 전에는 사전적 관리 수단으로 재정 위기 사전경보 시스템이, 사후적 관리 수단으로는 재정분석·진단제도가 규정되었다. 그러나 현재의 제도는 모두 사후적 관리 수단에 해당하는 재정분석, 재정 위험 수준 점검, 재정진단, 재정주의단체 및 재정위기단체, 긴급재정관리단체 지정에 관한 규정만을 포함하고 있다. 즉, 과거의 사전·사후 재정진단 개념이 사라지고 사후적 재정관리 제도만 남게 된 것이다. 또한 재정분석 및 진단에 활용되는 지표는 연 단위 결산 자료와 분기별 자료가 혼용되고 있다.

과거 행정안전부는 매년 지방재정분석실사단을 구성한 후 한국지방행정연구원에 위탁해 재정분석 진단을 시행하였으나, 현재는 한국지방세연구원에 위탁하여 연 단위 『재정분석종합보고서』를 발간하고 있다. 그런데 한가지 고려해 봄직한 대안을 제안해 보면, 우리나라의 경우 모든 지방정부의 회계 기준이 같고 일관된 기준이 적용되고 있다. 따라서 지방재정 관리 시스템(e-호조+)을 활용한 재정분석을 수행한 후, 그 결과를 개별 지방정부의 홈페이지는 물론 지방재정365(지방재정통합공개 플랫폼)에 공개하면 된다. 시대가 많이 변모한 만큼, 재정분석 종합보고서를 발간하는 것보다는 e-호조+를 활용한 재정분석 결과를 재정정보 관리 플랫폼인 지방재정365에 공개하는 것이 더욱 합리적일 것이다. 또한 법적 관점에서 제도적 정합성을 높이기 위해 제도를 개편할 필요가 있다. 지금까지 검토한 법적 내용을 바탕으로, 「지방재정법」을 포함해 같은 법 시행령과 관련된 운영 규정 등의 정합성을 확보하기 위한 대안을 모색할 수 있다.

첫째, 「지방재정법」 제5장(재정분석 및 공개)과 제5장의2(긴급재정관리)를 하나의 장으로 통합하여 제5장(재정위기관리)으로 구성하고, 기존의 제59조(지역통합재정통계의 작성)부터 제60조의2(통합공시)까지의 규정은 '보칙'으로 이동시킬 필요가 있다. 이와 같은 맥락에서 「지방재정법 시행령」 제5장의 제목도 '재정분석 및 공개'에서 '재정위기관리'로 변경할 필요가 있다. 또한 「지방재정법」 제55조 제1항의 '재정분석'과 같은 조 제2항의 '재정점검제도'는 재정진단과 연계되는 제도이지만 일정한 차이가 존재하므로, 하나의 조문에서 함께 규정하기보다는 별도의 조문으로 구분해 규정해야 한다.

둘째, 「지방재정법 시행령」 제65조 제5항과 제6항을 제65조의3(재정위험점검)으로 신설하고, 기존 제65조의3부터 제65조의5까지의 조항을 제65조의4부터 제65조의6으로 변경하는 방안을 제안한다. 현행 법 규정에 따라 재정분석 결과와 재정진단을 연계해 운영하려면, 재정진단의 내용을 더욱 구체적으로 규정할 필요가 있다. 또한 재정분석 결과 건전성과 효율성 등이 현저히 떨어지는 지방정부가 재정진단을 받은 후 어느 시점에 재정위기단체로 지정되어야 하는지 명확하게 규정할 필요가 있다(김동균, 2022).

셋째, 재정진단제도와 재정위기단체 지정 제도 간의 연계성을 강화하기 위해 「지방재정위기관리제도 운영규정」을 폐지하고, 법과 운영 규정

간의 괴리를 최소화하는 방향으로 「지방재정법」과 「지방재정법 시행령」에 이를 규정하는 것이 합리적이다. 이러한 개편을 통해, 재정위기관리제도의 통합성과 효율성을 높이고, 법체계의 정합성을 강화할 수 있다. 그 논거로 포괄위임금지원칙과 법률우위원칙을 적용해 보면, 하위 운영 규정은 상위 법률의 범위를 넘어서지 않아야 하며, 법률과 충돌할 때 상위법을 우선해야 한다. 따라서 하위 운영 규정의 문제는 상위 법률이 명확하지 않거나 제대로 연계되지 않았기 때문이라고 볼 수 있다. 이에 따른 근본적인 해결책은 운영 규정의 개선이 아니라, 상위 법률이나 시행령의 개정이 필요한 것이다.

법제 개편은 「지방재정법」, 「지방재정법 시행령」, 「지방재정위기관리제도 운영규정」으로 구분하여 개편 대안을 제시한다.

표 2-6 법제 개편 대안

구분	기존(을)	개편(으로)
지방재정법	**제5장 재정분석 및 공개** 제53조의3 삭제 제54조(재정 운용에 관한 보고 등) 제55조(재정분석 및 재정진단 등) 제55조의2(재정위기단체와 재정주의단체의 지정 및 해제) 제55조의3(재정위기단체 등의 의무 등) 제55조의4(재정위기단체의 지방채 발행 제한 등) 제55조의5(재정 건전화 이행 부진 지방정부에 대한 불이익 부여) 제56조 삭제 제57조(지방재정분석 결과에 따른 조치 등) 제58조(지방재정에 대한 특별지원 등)	**제5장 재정위기관리** 제53조의3 삭제 제54조(재정 운용에 관한 보고 등) 제55조(재정분석 및 재정진단 등) 제55조의2(재정위기단체와 재정주의단체의 지정 및 해제) 제55조의3(재정위기단체 등의 의무 등) 제55조의4(재정위기단체의 지방채 발행 제한 등) 제55조의5(재정 건전화 이행 부진 지방정부에 대한 불이익 부여) 제56조 삭제 제57조(지방재정분석 결과에 따른 조치 등) 제58조(지방재정에 대한 특별지원 등)

표 2-6 계속

구분	기존(을)	개편(으로)
지방재정법	제59조(지역통합재정통계의 작성) 제60조(지방재정 운용 상황의 공시 등) 제60조의2(통합공시) **제5장의2 긴급재정관리** 제60조의3(긴급재정관리단체의 지정 및 해제) 제60조의4(긴급재정관리인의 선임 및 파견) 제60조의5(긴급재정관리계획의 수립) 제60조의6(긴급재정관리계획의 이행 등) 제60조의7(긴급재정관리단체의 예산안 편성 등) 제60조의8(긴급재정관리단체의 지방채 발행 등의 제한 등) 제60조의9(국가 등의 지원) **제13장 보칙** 제96조 삭제 제96조의2(지방재정 정보화) 제96조의3(지방재정 관계 공무원에 대한 교육)	제59조 삭제 제60조 삭제 제60조의2 삭제 **제5장의2 삭제** 제60조의3(긴급재정관리단체의 지정 및 해제) 제60조의4(긴급재정관리인의 선임 및 파견) 제60조의5(긴급재정관리계획의 수립) 제60조의6(긴급재정관리계획의 이행 등) 제60조의7(긴급재정관리단체의 예산안 편성 등) 제60조의8(긴급재정관리단체의 지방채 발행 등의 제한 등) 제60조의9(국가 등의 지원) **제13장 보칙** 제96조 삭제 제96조의2(지방재정 정보화) 제96조의3(지역통합재정통계의 작성) 제96조의4(지방재정 운용 상황의 공시 등) 제96조의5(통합공시) 제96조의6(지방재정 관계 공무원에 대한 교육)
지방재정법 시행령	**제5장 재정분석 및 공개** **제65조(재정분석 및 재정점검)** ① 행정안전부 장관은 법 제55조 제1항에 따라 법 제54조에 따른 재정보고서의 분석(이하 "재정분석"이라 한다)을 지방자치단체 재정의 건전성과 효율성 등의 분야로 구분하여 매년 실시해야 한다. (중략) ④ 법 제55조 제2항에서 "채무 등 대통령령으로 정하는 사항"이란 다음 각호의 사항을 말한다.	**제5장 재정위기관리** **제65조(재정분석 및 재정점검)** ① 행정안전부 장관은 법 제55조 제1항에 따라 법 제54조에 따른 재정보고서의 분석(이하 "재정분석"이라 한다)을 지방자치단체 재정의 건전성과 효율성 등의 분야로 구분하여 매년 실시해야 한다. (중략) ④ 법 제55조 제2항에서 "채무 등 대통령령으로 정하는 사항"이란 다음 각호의 사항을 말한다.

표 2-6 계속

구분	기존(을)	개편(으로)
지방재정법 시행령	⑤ 행정안전부 장관은 법 제55조 제2항에 따라 재정 위험 수준을 분기별로 … 정보 시스템을 이용하여 점검해야 한다. ⑥ 행정안전부 장관은 제5항에 따른 재정 위험 수준의 점검을 위해 필요한 경우에는 … 특별한 사유가 없으면 이에 따라야 한다. **제65조의2(재정진단)** **제65조의3(재정위기단체 등의 지정·해제의 기준 및 절차 등)** **제65조의4(재정 건전화 계획의 제출시기 등)** **제65조의5(재정투자사업 예산 편성의 제한)**	⑤ 삭제 ⑥ 삭제 **제65조의2(재정진단)** **제65조의3(재정 위험 점검)** ① 행정안전부 장관은 법 제55조 제2항에 따라 재정 위험 수준을 분기별로 … 정보 시스템을 이용하여 점검해야 한다. ② 행정안전부 장관은 제1항에 따른 재정 위험 수준의 점검을 위해 필요한 경우에는 … 특별한 사유가 없으면 이에 따라야 한다. **제65조의4(재정위기단체 등의 지정·해제의 기준 및 절차 등)** **제65조의5(재정 건전화 계획의 제출시기 등)** **제65조의6(재정투자사업 예산 편성의 제한)**
재정위기 관리제도 운영규정	운영규정 폐지, 법과 운영규정의 괴리	중요한 내용은 「지방재정법」과 「지방재정법 시행령」에 규정

3

미국과 일본의 지방재정 위기 사례

1. 미국
2. 일본

국가 전체	지방
누구의 잘못이 더 클까? **연방정부 ≦ 주 및 지방정부** 신연방주의 부실한 재정 관리	자율성: 높음 책임성: 낮음

1. 미국

주별 기준 관리 및 연방정부 차원의 파산제도 운영

미국은 과거 재정 위기 경험을 토대로 재정 위기 기준을 설정하여 관리하고 있다. 그 기준이라 함은 지방재정 문제를 해결하고 구제하기 위한 선행 조건이라 할 수 있다. 그 기준은 주(state)별로 설정하여 관리하고 있으며, 연방정부 차원에서 파산제도를 운영하고 있다. 또한 지방정부의 재정 위기나 파산 시 주 정부나 연방정부가 개입하여 해결하는 방식이다. 정부간자문위원회(ACIR)의 가이드라인에 따르면, 주 정부가 재정 위기를 선언할 수 있는 네 가지 기준에 해당되어야 한다. 채무 상환 불이행, 세금·연금 등 정부 간 부담 불이행, 공무원 봉급 및 연금 지급의 일정 기간 불이행, 경상계정에서 전년도 지출의 10%를 초과하는 일시차입금이 바로 기준이다.

부실한 재정 관리와 연성예산 제약에서 비롯된 파산

미국 지방정부의 재정 위기 패턴은 경기 순환과 밀접하게 연관되어 왔다. 대공황의 여파, 대규모 경기침체로 인한 1930년대 지방재정 위기, 신연방주의(new federalism) 정책에 따른 지방이양사무 증가, 연방정부의 재정 적자로 주 및 지방정부에 대한 연방보조금 삭감으로 인한 1970~1980년대 지방재정 위기, 지방정부의 부실한 재정 관리에서 비롯된 1990년대 지방재정 위기 등이다. 그 이후 지방재정 위기는 경기침체나 연방정부의 정책 변화 등 지방정부의 외적 요인 외에도 내부의 관리 체계와 연성예산 제약 등 다양한 원인에 의해 발생하였다. 이러한 현상은 내부의 관리 능력 부재에서도 촉발된 것이다.

미국은 지방정부가 재정 위기(또는 파산 위기)에 직면하였을 때 작동되는 다양한 지방재정 재건제도(financial recovery)가 있는데, 크게 세 가지이다. 첫째, 주(state)의 전면적인 재정금융 원조에 의한 재정재건이고, 둘째 주 파산관재인제도(receivership)에 의한 재정재건이다. 셋째, 연방파산법 제9장(chapter 9)에 의한 재정재건이다(Honadle, 2003; Kloha et al., 2005). 위 세 가지 재정재건제도의 특징, 절차, 장·단점은 다음과 같다.

주의 전면적인 재정금융 원조

지방정부가 재정 위기나 파산의 기로에 직면하였을 경우, 지방정부는 주의 감시와 통제 아래 재정재건을 도모하는 방식이다. 지방정부에 심각한 재정 위기가 발생하면 주 정부는 특별대책위원회나 재정 감시기관을 설치한 후 재정 상태를 심사하여 재정 위기 대책을 마련하고 있다. 이러한 방식은 지방정부가 적극적으로 재정재건을 위해 자구적 노력이 있어야 재건이 가능하다. 주의 전면적인 재정금융 원조에 의한 재정재건 방식을 활용하면 해당 지방정부는 자치권을 상실하지 않는다. 이러한 점에서 주의 재정원조 방식은 지방정부가 선호하는 재정재건 형태이다. 하지만 선출직 시장 또는 시의원들이 어려운 재정 여건 속에서도 공약을 추진하기 때문에 긴축재정이나 구조조정의 효과성을 담보할 수 없게 된다. 따라서 너무 오랜 기간 동안 재정재건을 추진하거나, 적기에 과감한 재정 조치를 취하지 않아 재정 여건을 더욱 악화시킬 가능성이 상존한다.

주 파산관재인 제도

주의 전면적인 재정금융 원조에 의한 재정재건이 해당 지방정부로서는 가장 이상적 방식이지만, 이 방식으로 재정재건이 어렵다고 판단되면, 파산관재인제도를 활용한다. 즉, 주 파산관재인에 의한 재정재건 방식은 주의 보호 아래 지방정부의 파산을 검토한다. 이 제도는 지방정부의 재정 상태가 주의 재정 지원으로는 재건이 어려울 정도로 크게 악화되어 있고 지방자치를 일시적으로 중단하지 않으면 안될 정도에 이른 경우에 이용한다. 주 파산관재인제도는 주의 일반법에 별도로 규정되어 있지 않고, 지방정부가 재정 위기에 직면하였을 경우 당시 상황에 따라 결정하게 된다. 주 의회가 파산관재인이 필요하다고 판단하면 의결을 거쳐 해당 지방정부만 특별하게 적용되는 특별법을 제정하여 파산관재인을 두게 된다. 이때 특별법에는 파산관재인의 선임을 포함하여 파산에 대응할 여러 조치를 포함해야 한다.

파산 시 지방정부의 장은 해임, 의회는 자문기관으로 전락

일반적으로 파산을 초래한 지방정부의 장(예, 시장)은 특별법 통과와 동시에 해임되고, 주지사가 임명한 파산관재인이 보통 5년 동안 지방정부(예, 시정부)를 통치하고, 기간 중 구조재정과 재정재건 임무를 수행한다. 시의회 또한 입법 기능은 상실되고, 자문기관으로 전락하며, 시의원도 조언만 가능하다.

이 제도는 주의 재정 지원에 의한 재정재건 방식과 비교할 때 일정 기간 동안 지방자치를 정지당하고 선출직 공무원들도 그 기능을 상실하게 되는 단점이 있다. 하지만 주지사가 임명한 파산관재인은 현재의 수준대로 공공 서비스 유지나 공약 준수 등 시민에 대한 정치적 책임에서 자유롭기 때문에 파산 극복과 재정재건에 전념할 수 있다는 장점이 있다. 물론 주 의회 또는 주지사가 해당 지방정부의 여건이 호전되었다고 판단(파산 극복, 재정재건)하면 자치권은 새롭게 부활된다.

주 파산관재인제도를 이용한 재정재건의 사례는 첼시(Chelsea)시다. 첼시시는 특별법에 근거하여 시의회 입법 기능이 상실되고 자문기관으로 전락하였으며, 시장은 해임되었고 주지사가 임명한 파산관재인이 5년간 시정을 담당하였다.

연방파산법 chapter 9에 의한 파산 선언을 통한 재정재건

미국은 여타의 국가와 달리 지방정부의 파산을 법적으로 인정하고 있다. 이를 연방파산법 chapter 9이라 부른다. 다만, 기업의 파산처럼 자산의 청산을 통한 채무의 공평한 변제가 아니라, 채무자인 지방정부가 연방파산재판소의 감독 아래 채권자와 협의하면서 채무의 단계적 상환 등을 통한 채무 조정과 재건을 도모하는 일련의 과정을 거친다. 이를 통해 지방정부의 기능을 계속 유지하게 되는 것이다(Frey et al., 2007). 즉, 지방정부가 파산에 직면하였을 때 이를 구제하기 위한 제도로써 주 파산관재인제도와는 달리 지방정부의 장 및 의회 등 통치 기구를 그대로 유지하면서 재정재건 절차를 거친다.

1930년대 이후 미국은 500여 개의 파산 신청이 들어왔다. 이 중 일반목적의 지방정부 파산은 매우 드물고, 대부분은 특별구(special district)나 학교구(school district)이다. 일반목적의 지방정부 파산 신청은 1994년 California Orange County다. 미국에서 주 및 지방정부의 파산(municipal bankruptcy)에 관한 권한은 원칙적으로 미 연방의회(U.S. Congress)가 가지고 있다. 1910년 이전에는 연방의회의 헌법적 권한과 주 정부 산하 지방정부에 대한 실질적 통제 권한의 행사로 인한 갈등으로 미 연방의회가 주 및 지방정부의 파산에 관한 법률을 가지고 있지 않았다. 이 법률은 1910년 연방의회를 통과하였으며, 지방정부가 파산을 선언하기 위해서는 모든 채권자와 일일이 채무의 상환 조건을 합의하도록 규정하였다. 다만, 채권자 중 단 한 명이라도 조정된 채무 상환 조건에 반대하면 채무의 변제 의무를 떠안은 지방정부가 원칙적으로 파산을 선언할 수 없도록 규정한 불합리한 법이었다. 하지만 1929년부터 대공황의 여파로 수많은 주 및 지방정부들이 급격한 세입 감소로 인해 파산을 선언함에 따라, 이의 원활한 해결을 위해 연방의회는 1934년 「주 및 지방정부의 파산에 관한 법률」(Municipal Bankruptcy

Act)을 제정하여 주 및 지방정부들이 쉽게 파산을 선언할 수 있도록 법 조항을 바꾸었다. 새로운 법에 따르면, 파산을 신청하고자 하는 주 및 지방정부의 51% 이상의 채권자들이 조정된 채무 상환 조건(plan of readjustment)을 찬성해 주면, 주 및 지방정부는 자발적으로 연방정부 법원(federal court)에 파산을 신청할 수 있다.

주 및 지방정부의 파산 신청을 받은 연방정부 법관은 주 및 지방정부의 파산 신청서를 심사한 후 만일 파산을 신청한 정부가 작성한 수정(조정)된 채무 청산 안이 공평하고, 채권자들의 이익을 보호하며, 채권자들을 차별하지 않으며, 파산을 신청한 주 및 지방정부가 수정(조정)된 채무 청산 안을 지킬 수 있다고 판단되면 신청 지방정부의 파산을 법적으로 선언한다(Frey et al., 2007).

일부 주 정부에서는 주 산하 지방정부가 연방법원에 파산을 신청하기 전에 반드시 주 정부의 허락을 받도록 주 헌법 등에 명문화하였고, 주 산하 지방정부는 주 정부의 허락서를 연방정부 법원에 제출해야 한다. 1934년 이후 수차례의 법 개정을 거쳐 현행 주 및 지방정부의 파산에 관한 법률은 주 및 지방정부의 파산 선언을 보다 더 간략하게 하였다. 파산 선언을 하고자 하는 주 정부는 채권자들에게 파산을 선언할 것이라고 통보하고, 연방법원에 채무를 갚을 수정안과 채권자 명단을 제출한다. 만일 연방법원이 이를 수락하면 개별 채권자들은 채무자인 주 및 지방정부에 별도의 법률 소송을 낼 수 없도록 하여 파산 선언을 신청하는 주 및 지방정부의 권익을 향상시켰다.

chapter 9의 신청 요건

chapter 9은 지방정부가 다섯 가지 요건을 충족할 경우에만 파산을 신청할 수 있도록 하였다. 첫째, 지방정부이어야 한다. 둘째, 주법에 지방정부가 채무자의 자격을 인정해야 한다. 셋째, 지방정부가 지불 불능(insolvent) 상태이어야 한다. 넷째, 지방정부가 채무정리 계획을 실행할 의욕을 가져야 한다. 다섯째, 파산 신청 이전에 채권자와 성실히 교섭을 해야 한다. 해당 지방정부는 진정으로 채무조정 방안을 함께 모색하고 채무자와 채권자는 상호 신뢰에 입각하여 협상해야 한다(Frey et al., 2007).

미국 재정 위기 사례

미국의 주 및 지방정부는 글로벌 경제 위기나 지역경제 불황과 연관하여 지방채 부실 관리 등으로 인해 재정 위기를 경험하였다. 첼시시(1991), 브리지포트시(1991), 마이애미시(1996)는 세수 감소, 빈곤층 유입, 보조금 축소 및 복지 지출의 증가에 따른 재정 위기를 경험하였다. 뉴욕시(1975, 1993)와 오렌지 카운티(1994)는 투자기금의 부실 관리 및 지방채의 부실 관리로 인한 누적적자 때문인 재정 위기를 경험하였다. 워싱턴 D.C.(1995)는 정부 간 재정 관계 등의 요인으로 재정 위기를 경험한 바 있다. 미시간주의 여러 도시(2008)와 캘리포니아주(2009), 로스앤젤레스(2010)가 재정 위기를 경험하였다. 특히, 제퍼슨 카운티(2011)는 하수도 정비사업(재정사업)의 공사비 조달을 위해 지방채를 발행하였고, 세계 경기침체로 금리가 크게 상승하여 지불비용이 증가하자 견디다 못해 파산 신청(chapter 9)을 하게 되었다. 첼시시는 주 파산관재인제도를 활용하여 재정 위기를 극복하

표 3-1 미국 지방정부의 재정 위기 사례

지방정부	재정 위기 발생 사유
첼시시 브리지포트시 (1991)	경제 불황과 산업 구조 개편, 도심 공동화 및 인구 유출 등으로 세입 축소, 주 정부의 기능 이양과 빈곤층 유입, 실업률 증가로 인한 복지 지출 확대로 세출이 증가하여 재정적자 발생
뉴욕시 (1993)	1987년 주식시장의 붕괴로 시작된 재정·금융 서비스 산업 부문의 위축으로 재산세 수입이 급감하고, 경기 침체에 따른 도시 내 빈곤 문제 악화로 사회복지 지출 확대 및 지방채 상환 부담 가중
오렌지 카운티 (1994)	부동산 가격 하락에 따른 재산세 수입 감소를 보전하기 위하여 파생금융상품에 투자하였다가 16억 달러의 손실을 보게 되어 1994년에 연방법원에 재정 파산 신청
워싱턴 D.C. (1995)	정치적 동기에 의한 행·재정 부문의 방만한 운영, 인구의 급격한 감소에 따른 세입 감소, 사회복지비 및 인건비 지출 확대 등에 의해 1995년 재정 위기 발생
마이애미시 (1996)	인구 유출 및 비영리단체 등에 대한 광범위한 면세 혜택 부여에 따라 세입 기반이 약화하고, 임대료 등 세외수입 확보 노력 미흡 등 불건전한 재정 운영으로 인하여 재정 위기 직면
캘리포니아주 (2009)	부동산 경기 과열 시 재산세 급증 방지를 위해 주 의회 재적 2/3의 찬성 없이는 세금 인상을 못 하게 한 제안(proposition) 13호에 따라, 부동산 거품 붕괴 후 세수 감소에도 불구하고 증세가 어려워 재정 불균형 초래
제퍼슨 카운티 (2011)	하수도 정비사업의 공사비용 조달을 위해 30억 달러의 지방채 발행, 세계 경제 침체가 지속하면서 지방채 금리가 크게 올라 지불비용이 치솟자 이를 견디지 못하고 파산보호 프로그램인 'chapter 9'을 신청

자료: 국회예산정책처(2010), p. 28.

였고, 브리지포트시, 뉴욕, 플로리다의 마이애미시는 주 정부의 재정원조에 의한 재정재건 방식을 활용한 바 있다. 연방파산법원에 파산 신청을 통한 재정재건을 수행한 도시는 캘리포니아 오렌지 카운티이다. 더불어 연방의회 재정원조에 의한 재정재건은 워싱턴 D.C.이고, 캘리포니아주 정부는 지금도 재정재건 중에 있다.

경상적자 보전을 위한 단기차입에서 비롯된 재정 위기

뉴욕시의 재정 위기 선언은 1975년 4월이지만 사실상 그 이전에 이미 예견된 재정 위기였다고 할 수 있다. 1960년대 말부터 1970년대 초에 직면한 재정 문제는 뉴욕시의 문제만은 아니었다. 다만, 뉴욕시는 경상적자를 증세나 지출 삭감을 통해 해결하기보다는 단기차입에 의존하였다. 그 결과 엄청난 채무가 늘어나 결국 재정위기단체로 전락하고 말았다. 재정 위기를 선언한 이후 금융기관들은 신용창구를 폐쇄하고, 뉴욕시의 고용인원 감축과 급료의 삭감 등을 요구하지만, 뉴욕시로서 충분한 조치가 불가하였다.

뉴욕시의 재정 위기는 경상적자 보전을 위해 단기차입을 활용하였다는 것이 가장 큰 문제이다. 또한 경상적자가 누적되고 있음에도 이를 과소평가하였는데, 경상적 지출과 자본적 지출 구분의 문제, 공무원연금기여금의 문제 등이다. 또 막강한 공무원 노조, 지나친 사회복지사업 및 채권평가 시스템의 문제에서 기인한다. 궁극적으로는 자본적 지출 외 사용 목적으로 지방채를 발행한 것이 가장 큰 문제로 인식된다. 특히, 경상적 지출이 부당하게 자본적 지출로 분류되어 결과적으로 경상적자가 그만큼 커졌다. 결국, 연방정부는 긴급재정 구제를 결정해 위기를 넘겼지만 해결해야 할 과제만 남긴 셈이다.

파생금융상품 투자(투자손실 발생)에서 비롯된 재정 위기

1994년, 오렌지 카운티의 파산은 경기 악화로 말미암은 세수 감소나 세출 증가에 따른 것이 아니라 카운티의 재무 담당자가 투기에 실패하여

표 3-2 오렌지 카운티 투자 풀의 주요 참여 기관들 (단위: 백만 달러)

주요 참여 기관	금액
오렌지 카운티	2,760.5
오렌지 카운티 운수공사(Transportation Authority)	1,092.9
오렌지 카운티 위생구(Sanitation District)	441.0
오렌지 카운티 운수청(Transportation Corridor Agencies)	341.8
오렌지 카운티 고용자 퇴직기금	133.4
학교구(School Districts) (60개)	1,048.0
시(Cities) (37개)	1,043.0
수도구(Water Districts) (11개)	516.2
기타 구 및 기관(Other District and Agencies)	40.7

자료: 전상경(2011), p. 479.

손실을 본 것이 주된 원인이었다.

오렌지 카운티 투자 담당자가 파생금융상품에 투자(16.4억 달러의 투자 손실이 발생)하여 지급 불능 사태로 이어졌다. 이 카운티는 인근 187개의 지방정부 및 공공기관이 참여하는 76억 달러[1]의 오렌지 카운티 투자 풀을 설립하여 자금을 운영하였다. 이렇듯 재정 파산 이전에는 오렌지 카운티 투자 풀은 아주 성공적이라는 평가를 받았다. 즉, 다른 카운티의 평균 수익률은 4.7%에 불과하지만, 오렌지는 7.2%였다. 이렇듯 규모의 경제 측면에서 투자 풀이 유리하였지만, 시장이자율의 상승(예, 1991~1992: 3% → 1994~1995: 35%)으로 장기채권의 가치가 떨어짐과 동시에 연방정부의 금

1 1994년까지 투자 규모는 206억 달러에 이른다.

융 정책 변화로 최악의 시나리오로 변화가 되었음에도 불구하고 자산의 투자전략을 그대로 유지한 결과라 볼 수 있다(전상경, 2011).

파산의 피해자는 주민뿐만 아니라 공무원까지

1994년 12월, 오렌지 카운티는 파산을 선고하였다. 연방파산법(chapter 9)에 근거하여 두 가지의 파산을 신청하였으나, 오렌지 카운티 투자 풀에 대해서는 거부되었고, 오렌지 카운티에 대한 파산은 인정되었다. 오렌지 카운티는 대안으로 공무원 2,000명을 감축하였고, 사회복지비 지출을 대폭 삭감하였다. 그 결과 시영버스, 복지시설·출장소 등을 폐지하여 빈곤층이 더 많은 타격을 입었고 각종 사용요금의 인상은 불가피하였다. 애초 오렌지 카운티는 증세 조치를 제안하였지만, 주민에 의해 부결되었다. 결과적으로는 주민이 가장 큰 피해를 입었고, 오렌지 카운티의 재정재건은 파산선언 18개월 후인 1996년 6월 12일에 종료되었다.

제안 13호(세금 인상 시 주민투표)에서 비롯된 재정 위기

2009년 7월, 캘리포니아주 정부는 253억 달러에 달하는 엄청난 재정 적자에 직면하였다. 적자가 누적되면서 이를 해결하려 하였지만, 해법에 대한 공화당과 민주당의 입장 차이로 예산안이 통과되지 못한 채 재정 비상 상태를 선포한 것이다. 이는 부동산 시장 붕괴와 경기침체를 재정난의 이유로 들 수 있겠지만, 근본적 원인은 1978년 캘리포니아 주민의 발의로 통과된 '제안(Proposition) 13호'[2]가 재정 파탄의 전주곡이라 보는 시각이 일반적이다. 1982년 캘리포니아주는 주민투표를 통해 주 상속세를 폐지하였다.[2] 재정난을 겪게 되면 씀씀이를 줄이고 세금을 올리는 게 당연하다. 하지만 제안 13호로 인해 세금 인상을 포함한 예산안 통과가 무산되었다.[3] 주 정부 세수의 70% 이상을 소수의 부에 의존하였기 때문에 치솟는 부동산 가격은 재산세 수입이 주 재정에서 차지하는 비중은 높아져 갔다. 그러나 2007년 이후 본격화한 부동산 거품 붕괴, 금융 경기 악화 과정에서 세수 기반은 급격히 흔들렸다. 또한 세금 인상의 까다로운 조건에 예산안 통과에도 '재적 3분의 2 찬성'을 요구하는 주 헌법 조항까지 겹치면서 세금이나 예산 문제에 관한 한 의회에서 대안을 도출하지 못하게 되었다.

불가피한 교육·복지·의료 분야 예산 감축

2009년 7월 21일, 대안으로 주 예산 중 교육·복지·의료 부문에서 155억 달러의 예산을 대폭 삭감하기로 합의하여, 263억 달러의 적자 가운데 예산 삭감액을 제외한 나머지 98억 달러는 산하 지방정부에서 발생하는 수입으로 메우기로 하였다. 가장 큰 피해자는 공립학교와 주립대학이었으며, 빈곤층 의료 지원 프로그램 등은 줄일 수밖에 없었다. 주 정부의 재정위기는 증세를 통한 위기 극복이 아니라 예산 지출 삭감을 통해 해결해야 한다는 점에서 위기 이전의 교육·복지·의료 서비스 수준으로 회복하는 데

---

2 1970년대 후반 부동산 가격의 과열 분위기로 재산세가 급상승하자 이에 반기를 들고, 보수적 시민단체 활동가들이 '제안 13호'를 상정하였다. 재산세율을 연간 부동산 평가액의 1% 미만으로, 만약 올리더라도 연간 2%를 넘지 않게 제한하였다. 이 제안은 주민투표에서 65%의 찬성을 얻어 통과되어 납세자의 반란으로 평가되기도 한다.

3 제안 13호는 세금을 인상할 때, 주 의회 '재적 3분의 2 찬성'이라는 까다로운 조건을 요구하여 증세를 어렵게 하고 있다. 소수가 다수의 증세를 막고 있는 셈이다.

는 상당한 시간이 필요해 보인다. 결국 위기 극복은 요원하였는지 모른다.

2. 일본

일본은 두 차례에 걸쳐 지방분권 개혁을 추진하였다. 1차 분권 개혁은 기관위임사무의 전면 폐지를 핵심으로 하는 행정 개혁[4]이었다면, 2차 분권 개혁은 '삼위일체 개혁'(국고보조부담금, 지방교부세, 세원 배분 방식)에 초점을 둔 재정적 측면의 개혁이다. 그런데 결과적으로 지방재정은 더욱 취약하게 되었다. 일본은 여러 차례 지방재정 위기를 경험한 이래 재정 위기 기준을 설정하여 관리하고 있다. 1950년대 시정촌(市町村) 합병, 긴축재정에 의한 국고보조금 감축 등 1차 위기, 1970년대 고도성장의 종식과 석유파동과 결합된 2차 재정 위기, 1990년대 버블경제 붕괴에 따른 3차 재정 위기를 경험하였다. 일본은 재정 위기 극복을 위해 지방채 발행, 제3섹터 등을 적극 활용하는 확장재정 정책을 실시하였으나, 유사 중복투자, 과당경쟁, 부적절한 사업 선정 등의 부실 경영이 야기되었다. 특히, 제3차 재정 위기는 대도시 재정 위기가 사회적 쟁점이 되기 시작하였는데, 오사카부, 가나가와현, 아이치현, 도쿄도 등이 연달아 재정 위기를 선언하였다(김동욱, 2009).

일본의 재정관리제도는 유바리시의 파산을 기점으로 큰 변화를 맞이

4 우리나라의 「지방분권 촉진에 관한 특별법」(법률 제8865) 제10조와 유사하다.

표 3-3 자유재건 또는 준용재건 중 선택, 재건 추진

자유재건	준용재건
• 지방채 발행 제한 • 자체 재정재건계획 추진 • 우대 조치 및 통제 없음	• 경비 절감, 지출 효율화 등 재정재건계획 수립 • 계획에 대한 지방의회 의결 및 중앙정부 승인 • 중앙 및 주민에 대해 계획 추진 상황 보고 • 중앙정부의 지원(일시차입금 융자 알선, 특교세 일시차입금 이자 산입, 지방채 발행 제한 해제)
재정 위기 기준: 실질적자 비율(도도부현 5%, 시정촌 20%)	

자료: 국회예산정책처(2010), p. 35 일부 내용 변경 인용.

하게 된다. 유바리시의 파산 전에는 각 지방정부가 자주적으로 재건, 지방재정재건촉진특별법에 따른 준용재건 중 선택하여 재건을 추진할 수 있었다. 다만, 자유재건은 자체 계획에 근거하여 재정재건을 추진하기 때문에 지방채 발행만 제한되고 재정적 우대 조치도 없고 정부의 통제도 없었다. 반면, 준용재건은 중앙정부에 보고 등 제반 행정상의 제약이 있지만, 재정적 우대 조치가 있다.

재정 위기 판단 기준

유바리시가 재정 파산한 이후 2009년 「지방공공단체의 재정 건전화에 관한 법률」이 제정되었다. 왜냐하면 자유재건과 준용재건의 한계를 바로잡고 건전재정을 유도함과 동시에 재정 위기 발생 시 조기에 건전재정을 달성하기 위한 목적이었다. 이 법은 실질적자 비율, 연결실질수지 비율, 실질공채비 비율, 장래 부담 비율 등 네 가지 지표 중 어느 하나라도 이에 해당할 경우 조기 건전화 또는 재정재생기준단체로 지정하여 조치를 취해야 한다. 그 절차는 〈표 3-4〉와 같다.

표 3-4 일본의 재정 위기 판단 기준

구분		정의	조기건전화 기준	재정재생 기준
재생 판단 비율	실질적자 비율	일반회계 등(일부 특별회계 포함)을 대상으로 한 적자 비율	시정촌 11.25~15% 도도부현 3.75%	시정촌 20% 도도부현 5%
	연결실질수지 비율	해당 지자체 전 회계를 대상으로 한 적자 비율	시정촌 16.25~20% 도도부현 8.75%	시정촌 30% 도도부현 15%
	실질공채비 비율	일반회계 등이 부담하는 지방채 원리상환금과 준원리상환금의 비율	25%	35%
장래 부담 비율		일반회계 등이 장래 부담 가능성이 있는 채무 비율	시정촌 350%	도도부현 400%

주: 1) 실질공채비 비율은 조합지방개발사업단에 대한 지방정부의 부담금 중 조합 등이 발행한 지방채 상환 재원으로 충당되었다고 인정되는 부분 포함.
2) 장래 부담 비율은 지방정부가 설립한 법인 등의 부채액 중 지방정부의 부담분 포함.
자료: 국회예산정책처(2010), p. 37.

그림 3-1 일본의 재정 건전화 판단 기준

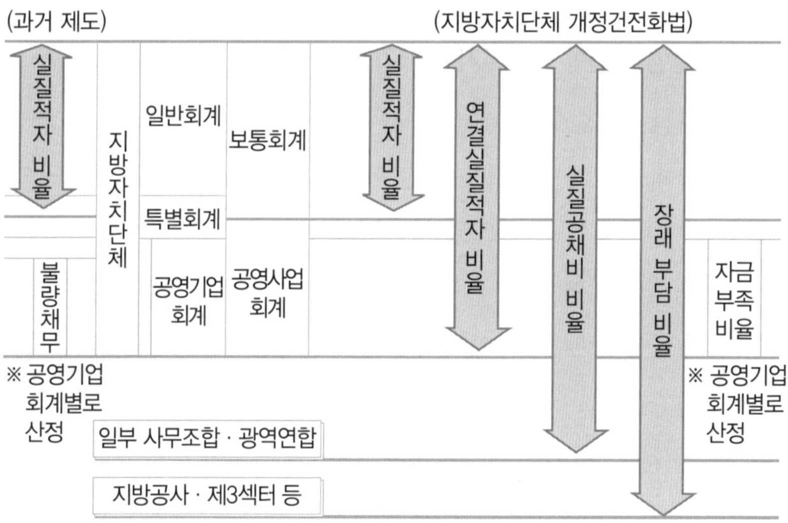

자료: 한국지방행정연구원(2011), p. 524.

오사카부

분식회계(일반회계로 적자를 메우는 방식)에서 비롯된 재정 위기

2006년 들어, 전통적 상업도시로 알려진 오사카부는 전국 47개 광역 지자체 중 유일한 적자 단체에 속하였다. 우리나라의 광역자치단체에 해당하는 오사카부는 재정 위기에 직면하여 누적된 부채 규모 5조 엔인데도 원리금 상환을 위해 매일 8억 엔 이상을 지출하고 있다. 오사카부는 1998년 4,950억 엔이라는 재정 부족액이 발생하였고, 그 후 9년 연속 재정적자를 기록하였다. 그러자 매년 500억에서 1,000억 엔에 이르는 일반회계 재원을 전용하여 적자를 메우는 방식으로 재정적자의 심각성을 숨겨 오다가 발각되어 사실상 파산 상태에 놓이게 된다(김동욱, 2009).

지방채 발행을 통한 공공투자 확대가 재정 위기로

재정 위기는 지방세의 감소라는 상황 속에서 인건비의 상승과 거품경제에 형성된 대규모 사업계획을 추진하기 위하여 지방채에 의존하면서 공공사업을 계속한 것이 원인으로 작용하였다(이창균, 2000). 그 외 인건비 증가, 거품경제 붕괴에 따른 세수 감소 등과 연관된다. 특히, 경제 침체에 따른 법인세(법인 주민세와 법인 사업세) 감소는 전국적인 현상이라 하지만, 오사카부가 그중에서 42.9%로 제일 높았다. 2008년, 새로 선출된 오사카부 지사는 좀 더 강력한 재정 위기 극복 정책을 펼치고 있다. 추진 중인 사업을 전면 재검토하고, 부(府) 소유 시설들의 민영화 추진, 인건비 삭감, 공무원 급여 감축, 접대비 등을 폐지할 수밖에 없었다.

여기서 잠깐

일본의 도도부현(都道府県)은 우리나라의 광역자치단체에 해당되며, 도(都, 도쿄도), 도(道, 홋카이도), 부(府, 오사카부와 교토부), 현(県, 켄과 43개)을 이르는 말이다. 시정촌(市町村)은 도도부현의 하부로 우리나라의 기초 지방정부에 해당된다. 최근 일부 도시는 행정상 별도의 정령지정도시, 중핵시, 특례시 등으로 지정되어 있다. 이 도시는 시정촌과 같이 지방정부의 일종이기에 포괄적 지방정부, 광역적 지방정부라고도 불린다. 우리나라의 경우에도 고양시 등에서는 특례시가 지정되었다.

유바리시

유명도시에서 유령도시로 전락

우리나라의 기초자치단체에 해당하는 '유바리시'는 석탄박물관, 영화제, 멜론, 석탄에서 관광을 지향한 지역 진흥의 대표적인 도시 중의 하나이다. 유바리시 재정 위기의 직접적인 원인은 지방세 수입의 약 20% 정도를 차지하는 교부금인 「산탄지역 진흥 임시교부법」의 실효로 국고보조금이 줄어든 것 때문이다. 또한 인구[5]와 면적 등의 객관적 자료에 근거하는 '기준재정 수요액'의 영향으로 감소한 지방교부세 등이 또 다른 요인으로 작용하였다. 「산탄지역 진흥 임시조치법」에 근거한 재정 지원마저 실효(2001년)되자, 관광을 통한 지역 진흥을 대안으로 설정하였다. 즉, 「산

5 2018년 말 현재 8,212명의 인구(2002년 9월에 14,700명, 재정재건 당시 2007년 약 12,600명)로 급격한 감소 추세에 있다.

탄지역 진흥 임시조치법」에 근거한 재정 지원과 관광투자를 위해 중앙정부와 홋카이도로부터 재정원조를 동시에 받았다.[6] '석탄역사촌'을 시작으로 스키장, 리조트 개발 등을 착수하였으나 1990년에 발표된 중앙정부의 국토계획에서 유바리시의 리조트 개발에 대한 지원이 무산되었다. 중앙정부에만 의존하던 유바리시의 계획은 사실상 중단되었다. 그런데 문제는 무리한 사업 확장 때문에 기채 제한 비율마저 20%를 넘어 기채 발행까지 제한되었다.

다른 한편으로, 취약한 경제 기반과 관광사업 등 경영 실패와 기채 제한으로 인한 지방채 발행 제한이 원인이다. 지방채 발행마저 곤란해지자 금융기관에서 차입해 이를 다시 각 사업회계에 빌려주는 형식을 취해 적자를 은폐한 것이다. 매년 실질수지 적자에도 불구하고 오랜 기간 관행적으로 연말(회계연도) 일시차입금을 이용하여 자금 부족분을 메우는 수법으로 결산수지에서 적자가 나타나지 않도록 은폐해 왔다.[7] 이러한 은폐에는 재정분석, 의회, 내부고발, 외부감사 등의 제반 장치들이 있었음에도 어떻게 이런 편법이 통용되었을까? 시장의 장기집권에 따른 도덕적 해이는

6 우리나라의 경우 일명 신성장 동력이라 불리는 서비스산업 선진화 방안, 민간투자사업(B시), 스키장, 대형 리조트, 서울시의 지방재정 조기집행 등 중앙정부의 보조금 지원은 일본과 유사하다. 즉, 입지에서부터 운영까지 각종 보조금 혜택이 주어진다. 또한 관광지 개발 과정의 주요 규제는 규제 개혁이라는 미명하에 의제화되었고, 지역축제들의 난립은 규모 경쟁만을 촉발시켰는데, 이는 다름 아닌 중앙정부의 정책이었다. 일본이 실패한 과오를 그대로 이어 가는 것 같아 상당한 우려가 된다. 천년고도 일본 교토(京都)도 파산위기에 직면하고 말았다. 2021년부터 5년간 2,800억 엔의 재원이 부족해 특단의 대책(공무원 축소, 급여 삭감 등)을 발표하였다.

7 行方久生(2007), 《夕張市性質別歲出內訳推移》, p. 7을 참고하라. 또한 채무 돌려막기에 관한 세부적인 자료는 《財務處理手法》, p. 5를 참고하라.

물론 지방정부, 의회, 시민 중에서 그 당시 문제를 지적하거나 경종을 울린 주체가 없었다(정성호·정창훈, 2011a).

'중앙정부가 책임져 주겠지'와 '채무 돌려막기'가 문제

석탄사업에서 일본을 대표하는 탄광지로 전성기를 구가하던 유바리시가 석탄사업의 구조 변화에 대응하기보다는 중앙정부에 의존하여 지속적인 사업을 추진하였다. 그 가운데 중앙정부의 삼위일체 개혁 등이 시작되자 중앙정부가 모든 것을 책임져 주겠지 하는 안일함이 통하지 않게 된 것이다. 유바리시는 연성예산 제약을 분식회계를 통해 채무를 돌려막기 하면서 재정이 건실한 것처럼 왜곡한 것이다. 하지만, 특별회계와 지방공사 또는 시가 출자한 회사 등을 이용해 채무를 돌려막기 하는 데 실패하여 결국 파산하고야 만다.

시사점

중앙정부의 관대한 재정보전이 문제

우리 지방정부는 중앙정부 재원에 대한 의존도가 높고, 지방정부가 세목과 세율을 자율적으로 결정한 권한이 없다. 예산은 경상예산과 자본예산을 구분하여 편성하지 않고, 경상예산의 수지균형을 요구하는 법령도 미비하다. 지방채 발행의 총액한도제가 도입되었지만 중앙정부의 관대한 재정보전(교부세 등)으로 지방정부가 굳이 지방채를 발행하여 사회간접자본을 마련할 필요가 없다. 그러다 보니, 미국처럼 시장 규율에 따른 지방채 시장이 활성화가 되어 있지 않고, 자본 지출을 위한 금융 조달 자체도 쉽지 않다.

여기서 잠깐

대구경북 신공항 이전 사업은 대구공항(K2)과 민간 공항을 통합해 새로운 공항을 건설하는 대형 프로젝트이다. 이 사업은 처음부터 국방부가 주도하였으며, 군위군과 의성군이 이전 부지로 확정되면서 본격적인 추진이 시작되었다. 대구시는 공항 이전을 통해 지역경제를 활성화하고 항공 물류 중심지를 만들겠다는 구상을 갖고 있다.

처음에는 중앙정부의 지원이 가능할 것이라는 기대가 있었다. 국토교통부가 대구경북 신공항을 '중추공항'으로 지정하면서 국비 지원 가능성이 열렸기 때문이다. 하지만 기획재정부는 민간 공항 건설에 국비를 지원하는 것이 어렵다는 입장을 보였고, 결국 윤석열 정부는 대구경북 신공항의 국비 지원을 배제하는 방향으로 정리하였다. 정부는 군 공항 이전비용은 국방부가 부담하지만, 민간 공항 건설비용은 지방자치단체가 마련해야 한다는 원칙을 내세웠다. 이는 대구시가 공항 건설을 자체 재원으로 추진해야 한다는 의미였다.

이에 대구시는 지방채를 발행해 신공항 건설을 추진하겠다는 방침을 밝혔다. 그러나 지방채 발행을 통한 공항 건설은 심각한 재정적 위험을 동반한다. 대구시는 현재도 재정자립도가 낮고, 지방세와 세외수입보다 중앙정부의 지원에 의존하는 비율이 높은 편이다. 이러한 상황에서 대규모 지방채를 발행하면 재정 부담이 급격히 증가할 수밖에 없다. 지방채를 발행하면 단기적으로는 재원을 확보할 수 있지만, 장기적으로는 원금 상환과 이자 부담이 커져 시 재정 운용에 어려움을 줄 가능성이 높다.

경제적 타당성도 문제이다. 대구경북 신공항이 계획대로 활성화되지 못하면 운영 적자가 발생할 가능성이 크다. 항공 수요가 충분하지 않거나, 기존 공항과 차별화된 경쟁력을 갖추지 못하면 신공항은 애물단지가 될 수도 있다.

특히, 대구·경북 지역의 인구 감소와 경기침체 등을 고려하면, 예상 만큼의 수익을 내기 어려울 수도 있다. 이런 경우, 지방채 상환 부담은 고스란히 대구시민들의 몫이 된다.

또한 지방채를 대규모로 발행하면 대구시의 신용등급이 하락할 가능성이 있다. 신용등급이 낮아지면 차입 금리에 영향을 미쳐 대구시가 추가적인 재원을 조달하는 것이 어려워질 수 있다. 장기적으로는 공공사업 추진에도 제약이 생길 수밖에 없다. 지방채 발행이 늘어나면 복지, 교육, 교통 등 필수적인 분야에 대한 예산이 줄어들 가능성도 커진다. 대구시는 공항 건설을 위해 재정을 집중 투자하겠지만, 그 부담은 미래 세대가 감당해야 할 문제로 남게 된다.

대구경북 신공항 건설이 지역 발전을 위한 중요한 사업이라는 점은 부인할 수 없다. 하지만 무리한 지방채 발행은 대구시의 장기적인 재정 건전성을 해칠 위험이 크다. 공항 건설이 반드시 필요하다면, 국비 지원을 다시 요청하거나 민간 투자를 적극 유치하는 방안을 고려해야 한다. 공항 운영권을 민간에 매각하고, 공항 건설을 민관 합작(Public-Private Partnership: PPP) 방식으로 추진하는 것도 하나의 방법이 될 수 있다. 또한 신공항을 단순한 공항이 아니라 물류·관광·첨단 산업과 연계한 경제특구로 개발해 장기적인 수익 모델을 확보하는 것이 중요하다.

정부가 국비 지원을 거부한 상황에서 대구시가 독자적으로 신공항을 추진하는 것은 현실적으로 큰 부담이 될 수밖에 없다. 지금 필요한 것은 무리한 지방채 발행이 아니라, 보다 현실적이고 지속 가능한 재원 마련 방안을 모색하는 일이다. 신공항이 지역 발전의 계기가 되려면, 재정적으로도 안정적인 방식으로 추진해야 한다. 결국, 대구시는 장기적인 재정 건전성을 고려한 신중한 결정을 내려야 한다.

책임성 강화를 위한 새로운 제도 설계가 필요한 시점

현행 중앙집권적인 재정 시스템하에서는 지방정부의 재정 지출 책임성을 높이는 것도 도덕적 해이를 방지하는 것도 어렵다. 재정 파탄을 방지하고, 재정 책임성과 재정 건전성을 향상시키기 위해서는 지금까지와는 다른 새로운 제도 설계가 필요하다. 중앙정부 주도의 지방정부 재정 운영이 실제로는 지방재정 규율을 약화시킨 주된 요인이다. 즉, 지방교부세제도나 보조금 등 국가의 지방재정 관여가 사실상 지방정부의 비효율적인 재정 운영을 조장하고 요즘의 재정 위기를 초래한 배경으로 작용할 수 있다. 더불어 「지방자치법」에는 고려되어 있지 않은 지방정부에 별도의 재량권을 허가하여 각종 지방공사나 지방공단 등이 특별회계 아래에 엄청난 채무를 축적하게 하여 지방재정 건전성을 악화시키는 데에도 국가의 정책이 한 몫을 하였다. 급증하는 지방정부의 채무 문제를 해결하고 지방 스스로가 재정 규율을 유지해 나가기 위해서는 중앙정부에 의한 통제가 아니고 지방 주민과 시장 규율에 의한 거버넌스 체계를 구축해야 한다. 이러한 관점에서 볼 때 미국식 파산제도를 도입하여 일정한 조건으로 지방정부를 보호하며, 그 보호하에 지방정부가 안고 있는 채무의 조정을 통해 시장의 거버넌스에 의한 재정 책임성과 재정 규율 유지를 신중히 고려할 필요가 있다.

자율규제 기능 확대 요구

1998년부터 지방재정 위기 발생에 대비하여 지방정부의 재정 상황에 대한 평가 및 공개, 심층진단을 통한 재정 건전화 계획의 권고 등을 담은

‘지방재정분석·진단제도’가 운용되고 있고, 한계가 많지만 재정 위기 조기경보 시스템도 작동되고 있었다. 이미 제2장에서 설명한 바와 같이 지금은 재정 위기 조기경보 시스템은 폐지되었고, 사후 관리 시스템으로 변경되고 말았다. 한마디로 표현하면 실효성 측면에서 미흡하지만 그나마 있던 제도를 없앤 것이나 다름없다. 재정 위기를 사전에 파악할 수 있는 조기경보 시스템은 굉장히 중요한 만큼 재고의 여지가 있고, 지방재정 분석 진단제도의 환류 체계를 강화해야 한다. 지방정부의 채무 문제도 지속 가능성 관점에서 해결해 나가야 한다. 향후 지방정부에 재원을 이양하는 대신에, 지방채 발행 시 주민승인제도의 도입, 재정 위기 조기경보 시스템으로의 회귀 및 파산제도의 도입 등을 통한 시장 거버넌스와 지방재정 민주화 조치 등을 실행하여 재정의 효율성, 책임성, 자기 규율(self-discipline) 기능을 향상해 나가야 한다.

4

외국 지방재정 위기 사례로부터 시사점

1. 연성예산 제약, 보조금과 교부세의 개혁(중앙 의존)
2. 무리한 선심성 사업 추진–공약사업 등
3. 민간투자사업의 무분별한 이용
4. 공기업(출자·출연 기관 포함)으로 부채 전가 및 부실경영
5. 지방채 발행 악용

과연 우리 지방정부는 재정 위기 상태에 직면할 수 있나? 이에 관해 지방자치가 시행되던 1991년에 논의가 되었고, 지금도 여전히 논의되고 있다. 다만, 전자는 국세와 지방세의 비율이 낮아 자주재원이 부족하다는 점에서, 후자는 지방 세입은 부족하고, 의존재원에 사활을 걸다 보니 재정 위기에 직면할 수 있다는 것이다(전상경, 2011). 하지만, 우리의 보편적인 시각은 재정 위기나 재정 파산은 부정되고 있는 것이 사실이다. 그렇다고 재정 위기 또는 파산이 전면 부정되는 것은 아니다.

도덕적 해이에서 비롯된 재정 위기

성남시의 채무지급유예선언의 근본적인 이유는 무리한 선심성 공약 사업의 추진과 직결된다. 특히, 불요불급한 호화 청사를 건립하는 것과 연결되어 특별회계에서 빌려 온 일반회계를 갚지 못해 일어난 사건이다. 일부에서는 우리나라의 경우, 중앙 의존적 재정 구조 덕분에 실제 파산은 일어날 수 없다는 시각도 존재한다. 그렇다고 해서 파산으로부터 완전히 자유로운 것은 아니다. 따라서 외국의 재정 파산(또는 위기) 사례를 반면교사로 삼아야 한다. 또 한 가지는 재정 위기와 도덕적 해이는 무관하지 않다는 것이다.

1. 연성예산 제약, 보조금과 교부세의 개혁 (중앙 의존)

연성예산 제약이란 예산 제약이 재정 지출 제약으로 연결되지 못하는 것을 의미한다. 중앙 의존적 재정 구조로 '중앙정부가 끝까지 책임져 주겠지'라고 하는 안일한 인식에서 해당 지방정부는 자신의 재정력은 고려하지 않은 채 무리하게 사업을 추진하게 된다. 그 결과 파산에 봉착할 수도 있다. 일본 유바리시의 파산도 근본 원인은 연성예산 제약에서 비롯된다.

> "지방정부에 파산이란 없다. 차입금을 아무리 많이 갖다 써도 결국 국가가 책임진다."

지방정부의 지대 추구가 근본 문제

우리나라의 경우에도 일본 유바리시와 별반 다르지 않다. 과거 사실상 재정위기단체로 지정되었어야 마땅한 인천광역시의 경우, 각종 개발사업, 아시안 게임 등을 추진한 결과이고, 강원도의 경우 중앙정부가 책임져 주겠지 하는 안일한 생각으로 동계 올림픽을 추진한 결과이다. 이 또한 전형적인 연성예산 제약이다. 알펜시아 건립은 하루 1억 3,000만 원에 달하는 이자비용이 발생되었고, 2018년 동계 평창올림픽 개최의 후유증으로 엄청난 비용이 낭비되고 있다. 결국, 지방정부가 대규모 국제 축제를 벌려 놓고 부족한 재원은 중앙정부로부터 지원만 받으면 된다는 안이한 사고에서 비롯된 것이다. 이는 완벽하게 자치단체장의 지대 추구(재선)에 해당한다.

재정 위기를 경험한 뉴욕시, 오렌지 카운티, 오사카부, 유바리시는 이를 극복하기 위해 공무원의 봉급 감축, 공공 서비스의 폐지 또는 사용료 인상이라는 대안을 쓸 수밖에 없었다. 재정위기단체로 전락하면, 최대의 피해자는 지역 주민이기는 하지만 외국의 사례를 살펴볼 때 공무원 또한 예외가 아니라는 점이다.

국고보조금과 지방교부세의 전면 개혁이 면밀하게 검토되어야 한다. 일본은 지방재정 개혁의 일환으로 삼위일체 개혁을 단행한 바 있는데, 우리나라도 이를 준용할 필요성이 있다. 지방정부의 현실은 재정 여건이 아무리 열악한 단체라 하더라도 지방교부세를 통해 재정보전이 되는 구조로 구태여 지방 세수 증대를 위한 자구 노력을 할 유인이 적다. 속된 말로 중앙정부가 다 알아서 해 주는데 애써 징수(행정)비용을 들여 가면서까지 지방 세수 증대를 위한 노력을 할 필요가 없는 것이다.

연성예산 제약에서 벗어나야…

일본에서도 삼위일체 개혁 방식을 도입할 당시 일각에서 지방재정력 격차가 더욱 커질 것이라는 예측에 근거해 큰 진전을 보이지 못하였다. 그러나 결과적으로 재정력 격차는 커지지 않았다. 우리의 경우 국고보조금과 지방교부세의 개혁을 단행할 필요가 있다. 그것이 바로 연성예산 제약에서 벗어나는 유일한 길이다. 즉, 재정분권과 궤를 같이하면서 재정 개혁을 추진해야 하는 것이다. 아무리 좋은 제도가 도입된다고 한들 우리나라의 실정에 맞지 않으면 제한적일 수밖에 없다. 일례로 재정 위기 사전경보 시스템(지금은 폐지)인데, 정부에서는 제도를 도입하였다고(정당성 추구) 안주할 것이 아니라 제도의 합목적성 여부를 검증해야 할 것이다. 이제는 달라져야 한다.

2. 무리한 선심성 사업 추진—공약사업 등

오렌지 카운티는 재정 확충을 목적으로 위험한 파생상품에 투자해 파산에 직면하였다. 이는 지나친 기업가 정신에서 초래된 결과이다. 일본 유바리시의 경우도 이와 마찬가지인데, 민간기업이 운영하다 실패한 사업들을 제3섹터 방식으로 운영하다가 결국 재정 파탄을 경험하게 된다.

우리나라도 외국의 사례와 유사하게 공공사업의 한계를 염두에 두지 않아 재정 위기 상태에 봉착한 사례가 있다. 이러한 사업은 대부분 자치단체장의 공약사업과 관련이 되는데, 강원도의 알펜시아, 태백시의 오투리조트 등이다. 또한 2008년 이후 각 지방정부가 면밀한 검토 없이 각종 개발사업에 참여하게 되었는데, 전남의 F1경기장이나 여수 엑스포 시설이 여기에 해당한다. 이들 사업의 경우 투자금마저 회수하기 어렵게 되었고, 결국 심각한 재정 압박 상태에 놓이게 되었다.

보조금 사업이면 무조건 추진

지방정부에서 문화·체육 등의 대규모 행사를 추진하게 되는 배경은 중앙정부의 보조금 배분과 직접 관련이 있다. 문화·체육의 경우, 흔히 말하는 보조금 배분 0순위이기 때문에 자치단체장으로서는 후일 재정 압박은 문제 삼지 않고 추진하게 되는 것이다. 왜냐하면 우선 무엇인가 건립하고 행사를 치르면 (재선을 향한) 투표 극대화에 무조건 도움이 되기 때문이다. 재정의 책임성 여부를 묻지 않는 것이 여전히 한계로 작용한다.

3. 민간투자사업의 무분별한 이용

흥미로운 소동 중의 하나는 지방정부의 부채 제로(0) 사건이다. 한때 매스컴을 떠들석하게 도배하던 전남 강진군, 완도군, 경남 하동군 사례가 바로 그 예이다. 이들 지방정부는 부채 제로에 관해 대대적인 홍보를 하였다. 특히, 전남 완도군은 '우수 재정운영 지방자치단체 1호'에 선정되었지만, 자세히 들여다보면 수익형 민자사업(build-transfer-operate: BTO)을 시행하여 2010년 총 154억 원의 잠재적 부채가 있다. 그래서 부채 제로를 선정할 때 부채를 정확하게 파악해야 하였다. 즉, 금융성 채무와 적자성 채무를 함께 파악하였어야 한다.

민간투자사업의 경우, 중앙정부가 추진하는 사업이 많다. 최근까지 각 지방정부에서 다양한 민간투자사업이 추진되고 있다. 대부분은 중앙정부의 정책과 연계해 민간투자사업이 수행된다. 그러나 일부의 경우 지방정부가 독자적으로 추진하기도 한다. 무분별한 민간투자사업은 지방정부의 부채로 인식되지 않기 때문에, 자치단체장이 마음만 먹으면 예산외(off-budget activity) 사업을 추진할 수 있다. 그래서 민간투자사업은 지속적으로 확대될 소지가 크다.

부채로 인식되지 않는 민간투자사업

천안시의 경우, 2012년 예산 대비 채무 비율은 25%에 근접하였다. 여기에 더해 임대형 민자사업(build-transfer-lease: BTL) 추진으로 인한 부채가 2,647억 원으로 사실상 일반채무에 버금갔다. 문제는 적정 임대료 등이 정확히 계산되지 않아 재정사업으로 추진하는 것보다 훨씬 더 많은 금액이 지출되어 재정 낭비의 온상이 되었다. 따라서 민간투자사업에 관한 정확한 부채의 인식이 필요함과 동시에 마땅히 관리가 되어야 한다.

4. 공기업(출자·출연 기관 포함)으로 부채 전가 및 부실경영

지방정부의 또 다른 재정 위기의 주범은 공기업과 출자·출연 기관 등과 관련이 있다. 공기업은 공공성과 기업성을 동시에 지닌다. 즉, 공기업은 공공성과 기업성을 담보하기 위한 실체임에도 기업성은 차치하고서라도 공공성마저 담보하지 못한 경우가 있다. 그 예가 바로 인천 월미바다열차 사업인데, 이는 궁극적으로 자치단체장의 도덕적 해이와 직결된다. 과거 명칭은 은하모노레일(월미은하레일, 레일바이크-모노레일, 현재는 월미바다열차로 명명)인데, 여러 차례 철거를 고민하다가 그 오명을 벗기 위해 재차 운영에 돌입하였다. 그러나 이내 또 다시 멈추고 말았다. 이제 남은 것은 흉물뿐이고, 1,000억 원의 빚만 남겼다. 사업 추진의 배경은 인천광역시가 재정사업으로 시행하여야 할 제반 사업을 인천도시공사에 부당 전가한 것이다. 강원도의 경우, 강원도개발공사로 하여금 알펜시아 건설을 추진하게 해 부채 규모가 한계를 초과하였다. 알펜시아 사례는 적자 누적이 심각해 철저한 원인 규명이 필요한 사안임에 틀림없다. 결국 지방공기업의 재정 부실이 가시화되면 지방정부는 자본금으로 메워 주어야 한다. 이는 건전재정을 위협하는 가장 큰 잠재적 위협 요인이다.

법만 만들면 관리가 되나?

사회적으로 이슈화된 출자·출연 기관의 부실 경영으로 인한 재정 낭비가 심각하다. 출자·출연 기관이 자치단체장의 전유물이 되어서는 안된다. 이를 규제하기 위해 2013년 안전행정부는 「출자출연기관관리에 관한 법률」을 마련하였다.[1] 법체계가 구비되었음에도 불구하고 출자·출연 기관의 체계적 관리는 요원한 것으로 판단된다. 법을 마련할 당시 목적은 출자·출연 기관의 남설 방지였는데, 지금 그 목적을 달성하고 있는지는 의문이다. 일본은 출자·출연 기관의 부실을 막기 위해 외곽 기관 등을 정비한 바 있다.

5. 지방채 발행 악용

일본 유바리시의 경우, 공영개발을 위한 차입이 재정 위기의 근본적

1 당시 저자는 이 법률 제정과 관련해 연구용역에 참여하였다.

원인으로 작용하였다. 과거 부산광역시의 경우에도 인건비 충당을 위한 지방채를 발행한 적이 있는데, 이는 아주 기이하고 위험한 발상이었다. 즉, 지방채 발행은 자본적 지출에 한정되어야 한다.

더욱 큰 문제는 지방채 발행 한도제의 한계에 기인한다. 지방채 발행 한도액은 지방정부의 재정 상황과 채무 규모를 종합적으로 고려하여 전전년도의 예산액의 100분의 10 범위 내에서 발행할 수 있다. 다만, 지방의회의 의결을 거쳐 지방채를 발행할 수 있고, 만약 한도액을 초과해서 발행할 경우 행정안전부의 승인을 얻은 금액 범위 안에서 지방의회의 의결을 거쳐 지방채를 발행할 수 있다.

지방채 발행 한도를 초과한 지방정부가 많은데, 그 원인은 지방채 발행 예외조항을 많이 인정하고 있기 때문이다. 흥미롭게도 광역시·도 중심으로 지방채 발행 한도를 초과해 발행하고 있다. 구체적으로 2006년부터 2009년까지 4년간 매년 초과 발행한 광역시·도 지방정부는 부산, 대구, 광주, 대전이고, 같은 기간 중 울산은 3회, 인천은 2회, 서울이 1회 초과 발행하였다(서정섭·신두섭, 2010). 지방채 발행 한도를 넘어 지속적인 초과 발행을 제어하기 위한 시스템의 개선과 아울러 경종을 울릴 필요성이 제기된다.

제2부 | 무엇이 문제인가?

제5장 연성예산 제약의 늪

제6장 자치단체장의 개발사업 투자가 부채로

제7장 국고보조금 등 의존재원이 부채로

제8장 지방보조금 사업이 지방재정을 멍들게

제9장 무분별한 민간투자사업(BTO · BTL)이 지방재정을 멍들게

2

5

연성예산 제약의 늪

<table>
<tr><th colspan="3">국가 전체</th><th>지방</th></tr>
<tr><td colspan="3" rowspan="2">누구의 잘못이 더 클까?
중앙정부 ≧ 지방정부
제도상 문제 　　제도 악용</td><td>자율성: 낮음</td></tr>
<tr><td>책임성: 낮음</td></tr>
</table>

지방재정 위기의 근본 원인은 연성예산 제약에서 비롯된다. '중앙정부가 알아서 재정을 지원해 주겠지'라는 인식이 팽배해져 지방재정을 궁핍하게 만들었다. 그러다 보니 책임성은 물론 자율성마저 내팽개친 것이다. 지방정부가 책임성은 물론 자율성을 갖고 재정을 운용하려면 무엇보다 연성예산 제약에서 탈피해야 한다. 과거와 크게 다르지 않은 국세와 지방세 비율의 일부 조정, 지방소비세 확충 등 근시안적 대안은 연성예산 제약에서 벗어날 수 없다. 한마디로 임시방편적 처방에 불과하다. 근본적으로 지방정부의 책임성과 자율성을 강화하기 위해서는 재정자립도에 기초해 지방정부 형태를 구분해 재정을 차등 지원하는 등의 조치가 필요하다. 이른바 맞춤형 재정분권이 필요하다는 이야기다.

재정 여건에 맞는 재정분권 추진 필요

재정자립도가 80% 이상[1](또는 극히 소수의 지방교부세 불교부 단체)인 지방정부는 온전한 지방자치를 실시하게 하고, 재정자립도가 30% 이하인 지방정부(203개/전체 243개)는 제한적 지방자치를 실시하게 하는 것이다.

1 지방재정365 공시에 따르면, 243개 지방정부 중 재정자립도가 80%를 넘는 지방정부는 없는 것으로 파악된다.

예를 들어, 80% 이상 지방정부는 세입분권은 물론 세출분권까지 보장해 주자는 것이다. 즉, 지방정부가 세입과 세출에 관한 전반적인 권한을 부여하되(자율), 책임을 물으면 된다. 서울 및 경기도 일부 시와 자치구(교부세 불교부 단체)는 충분한 세수가 확보되기 때문에 온전한 재정분권이 가능하다. 다만, 이들 지방정부가 온전한 재정분권을 구현할 수 있도록, 우선 여기에 해당하는 개별 지방정부의 교부세 규모(교부세 불교부 단체가 아닐 경우)는 전년도 교부세 규모에 비례하여 할당해 줄 필요가 있다(지방교부세는 3년에 한 번 산정하되, 늘어나는 교부세 비율만큼 자동 할당). 아울러 국세와 지방세 조정 등으로 인한 세수 편익은 개별 지방정부에 귀속시켜야 한다. 궁극적으로 중앙 편중적 재정 구조에서 벗어난 최소한의 지방자치가 구현될 수 있도록 하는 것이다. 이들 지방정부의 현 재정 여건을 고려해 볼 때 아직은 넘어야 할 고개가 많지만 어찌하든 지방자치의 과정으로 여겨진다.

한편, 재정자립도가 30% 이하인 지방정부는 세입분권은 유지하되(어차피 세수 규모가 작음), 세출집권(세출 규제)을 하자는 것이다. 이들 개별 지방정부는 현재와 동일하게 전년도 교부세 규모에 비례하여 배분해 주되, 불필요한 사업 추진은 엄격히 통제할 필요가 있다. 즉, 외형적으로는 재정분권을 외치면서 여전히 과거 지향적 집권 구조에 머물러 있을 것이 아니라 중앙과 지방정부가 같이 합심하여 연성예산 제약에서 과감히 탈피할 수 있는 구조로 변모해 나가야 한다. 연성예산 제약에서 탈피하지 못하면 집권적 문화가 지속될 수밖에 없다(Jeong, 2022).

기능 및 사무 배분 다시 해야

먼저 중앙정부의 기능 및 사무의 위임에서 과감히 탈피(자치사무 구분)할 필요가 있다. 우선 중앙과 지방정부의 기능 및 사무의 중복을 제거해야 한다. 중앙정부와 지방정부, 지방정부 중에서도 광역과 기초 사이의 기능을 조정하여 중복과 비효율을 줄여 나가야 한다. 예컨대, 일자리 사업의 경우, 중앙-광역-기초가 동일한 사업(일자리 사업, 중앙정부 사업의 지방비 매칭)을 수행하는 것은 타당하지 않다. 아울러 지방정부 체계의 개편이 함께 고려되어야 유의미한 결과를 얻을 수 있다. 규모의 경제를 지향한 광역형 지방정부로의 통합과 그에 따른 중앙-지방(광역, 기초) 사무를 전면 재검토하고, 일반지방재정과 교육재정의 통합을 해나가야 한다. 이후로도 중복 기능과 비효율성 배제, 국가 및 개별 자치단체의 보조금 축소 등 일련의 과정을 거쳐야 의미 있는 재정분권을 완성할 수 있다(정성호, 2018).

지방정부 경계 다시 획정

우리는 과거 조선 시대부터 이어져 내려오는 경계(산과 강)를 토대로 획정된 243개 지방정부 체계를 유지하고 있다. 그러나 243개에 달하는 지방정부를 유지하는 것이 바람직한지 검토할 필요가 있다. 현재는 중앙정부와 지방정부(광역, 기초)의 기능(사무)이 크게 다르지 않다. 좀 과장하면 1개의 국가와 243개의 지방정부를 합쳐 244개 정부가 운영되고 있는 셈이다. 이처럼 지방정부 간 사무 중복이 개선되지 않은 구조에서는 지속 가능한 재정 운영을 할 수도 없고 인구 소멸에 대비할 수도 없다. 이미 설명한 광역형 거점도시(50여 개)로 개편이 필요하다는 주장에 귀를 기울여야 한다(정성호, 2018).

저출생·학령인구 감소를 반영한 지방교육재정 운영

저출생으로 인한 인구 소멸, 즉 학령인구 감소에 따른 지방교육재정 운영 등에서 적절한 대안 모색이 필요하다. 저출생으로 인해 머지않아 사라지게 될(소멸될) 지방정부에 막대한 재정을 투자하는 것은 비현실적이다. 다시 말해, 인구 소멸과 학령인구 감소에 부합하는 효율적 재정 지출 대안을 제시해야 한다.

인구가 감소하면 학령인구도 당연히 감소할 수밖에 없다. 그런데 학령인구 감소에도 불구하고, 최근까지 내국세가 꾸준히 상승하여 지방교육재정교부금(내국세의 20.79%)은 지속적으로 늘어났다. 그런데도 교육 분야에서는 여전히 재정이 부족하다고 아우성이다. 과연 현실이 그러한가? 지방교육청과 일선 학교를 방문해 보면 이내 그것이 사실이 아니라는 것을 알 수 있다. 저속하게 표현하면 '쓸 데가 없어 고민'인 곳이 더 많다. 한국은 OECD 어느 국가와 비교해도 교육비 지출이 적지 않다. 고등교육을 제외하면 OECD 국가 중에서 최상위이다. 교원의 봉급도 이와 동일하다. 핵심은 '재원을 제대로 쓸 방안'을 찾는 것이다. 학령인구 감소에 따른 지방교육재정의 조정이 필요한 이유가 바로 여기에 있다(정성호, 2018).

지방재정과 교육재정의 통합

책임성을 전제한 교육자치는 필연적이다. 지방정부보다 오히려 연성 예산 제약이 심각한 것은 지방교육재정(지방 교육청)이다. 자율성만 있고

그림 5-1 학생 수 (단위: 명)

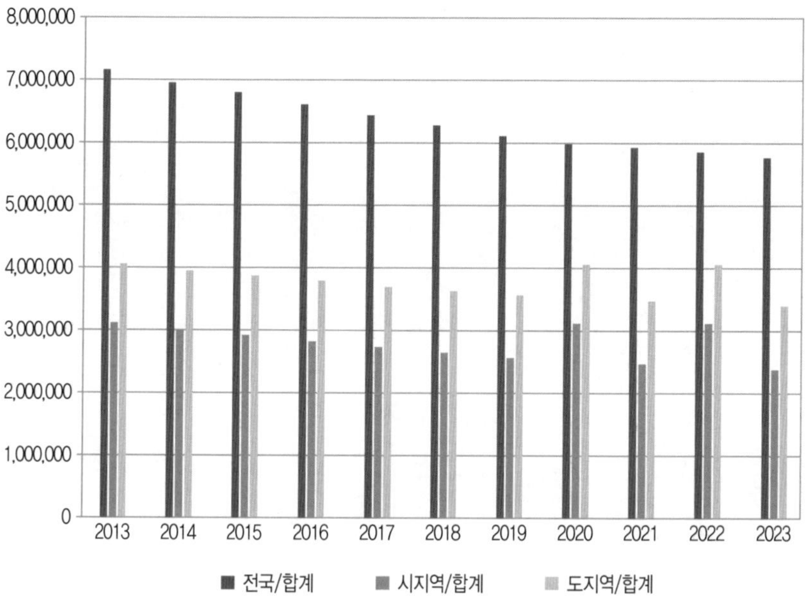

자료: 〈지방교육재정알리미-일반교육통계〉.

책임성은 없는 교육자치만을 주장해서야 되겠는가? 교육 분야는 지방정부의 고유 기능인 만큼 지방재정과 교육재정의 통합은 필연적이다. 지방정부와 별개로 운영되는 17개 교육청은 지방정부와 통합 운영되어야 한다. 그래야만 진정한 의미의 재정분권이 완성된다. 교육재정 운영에 있어 책임성은 없고 자율성만 늘어난 구조는 하루빨리 개선해야 한다(정성호, 2018). 지방자치와 교육자치에 관한 담론은 후반부에서 하나의 장으로 논의하겠다.

자치단체장의 개발사업 투자가 부채로

국가 전체		지방
누구의 잘못이 더 클까?		자율성: 높음
중앙정부 <	**지방정부**	
지역구 국회의원	단체장 선거용	책임성: 낮음

개발사업으로 인해 지방정부의 '자산이 늘어나지만 부채도 동시에 늘어난다'. 이는 자치단체장과 지역구 국회의원의 합작품일 가능성이 높고, 선거용 치적 쌓기에 불과한 경우가 많다.

우리나라는 지방자치가 중단된 지 30여 년 만인 1991년에 지방의회 의원 선거를 통해 부분적으로 지방자치가 부활하였다. 이어 1995년 6월에 자치단체장과 지방의회 의원 선거를 통합한 주민투표를 통해 선출함으로써 외형적으로 온전한 지방자치 시대를 맞이하게 되었다. 그 이후 지방정부의 재정분권 요구가 지속적으로 제기되고 있음에도 정부는 여전히 중앙 편중적 재정 구조를 유지하고 있다. 지방자치의 도입에 따른 지방재정 수요는 지속적으로 증가하고 있으며, 지방자치 활성화는 재정 지출 구조의 변화도 필요하다.

복지사업에 투자할 것인가, 개발사업에 투자할 것인가에 관한 논의는 여전히 딜레마 중의 하나이다. 자치단체장들은 재선을 위하여 지역개발비에 투자하기보다는 복지 지출에 비중을 늘릴 수도 있고, 반대로 지역개발비의 비중은 늘리고 복지 지출은 줄일 수도 있다. 일반적으로 자치단체장의 의지에 따라 사업 분야가 극명한 차이를 보인다. 과거 오세훈(현 서울시장)은 '한강 르네상스'라 불리는 개발사업에 엄청난 금액을 투자하였던 반면, 보궐선거에 당선된 고 박원순 시장은 복지사업에 치중하였다. 이러한 현상은 타 지방정부에서도 거의 유사한 형태를 보이고 있다. 이렇듯 자치단체장의 의지에 따라 복지사업에 투자할 것인가, 지역개발사업에 투자할 것인가는 달리 적용되어진다. 유형자산 중 사회기반시설(도로 등)과 일반유형자산(청사 등)은 지역개발에 해당할 것이고, 주민편의시설(도서관 등)은 일반적으로 복지시설에 가깝다.

대중매체를 통해 지방정부의 분식회계를 비롯한 도덕적 해이와 무분별한 호화 청사 건립 등 부정적 소식을 접한 적이 있을 것이다. 지방자치가 활성화되고 있는 시점에서 자치단체장의 선심성 지출과 치적 쌓기 행태는 재정 건전성에 부정적 영향을 주고 있다. 취약한 재정 구조를 지닌 지방정부는 효율적인 재정 운영이 필수적인데, 방만하고 비효율적인 경영의 이면에는 선거와 무관하지 않으며, 부채로 이어질 개연성이 상당히 크다. 총체적인 부채의 증가는 자치단체장의 임기 동안은 치명적인 결과로 나타나지 않기 때문에 사실상 무방비 상태에 있다. 즉, 새로운 환경 변화에 적극적으로 대응하기 위한 지방정부 역할의 새로운 모색과 행정 역량의 강화가 그 어느 때보다 중요한 시점이라 할 수 있다.

무리한 사업투자가 부채 증가로

무분별하게 건설되는 호화 청사, 주민편의시설 및 사회기반시설 등 무리한 사업투자는 총체적 부채 증가로 이어질 개연성이 크다. 부채는 관리되어야 마땅하다는 규범적 접근에 치중하고 있을 뿐, 이에 대한 명쾌한 해답을 제공해 주지 못하고 있다.

여기서 잠깐

유형자산 투자는 우리가 흔히 알고 있는 자산의 투자 개념이 아니다. 지방정부에서는 청사 및 도서관 등을 짓거나, 도로 등을 건설하는 것을 의미한다.

논의의 출발은 일반유형자산, 주민편의시설, 사회기반시설 투자로 구성된 유형자산 투자 중 어느 요인이 부채에 더 많은 영향을 미치고 있는가이다. 이를 위해 더 종합적인 시각에서 243개 지방정부[1]는 특·광역시·도, 시, 군, 자치구로 구분[2]하여 유형자산의 투자효과를 살펴보아야 한다. 자산은 유동자산, 비유동자산(투자자산, 일반유형자산, 주민편의시설, 사회기반시설)으로 구분된다. 다만, 자치단체별로 차이는 있지만 대략 유동자산과 투자자산의 규모는 20% 내외로 집계되고, 일반유형자산, 주민편의시설과 사회기반시설의 규모는 80%를 차지하고 있다. 즉, 대부분 현금화가 제한되는 유형의 투자자산이며, 유형자산이 부채에 영향을 미칠 개연성이 크다. 공약사업과 무분별한 사업 추진 또한 유형자산과 연관성이 크다.

유형자산은 그 실질적인 사용 목적에 따라 일반유형자산, 주민편의시설, 사회기반시설로 구분된다(행정안전부, 2017). 동일한 성질의 건물이라

1 우리나라 지방정부 중 제주특별자치도 산하 제주시와 서귀포시 및 통합된 창원시(진해시와 마산시 통합)는 제외하여 실제 분석 대상은 243개 지방정부이다.

2 지방정부 유형은 특·광역시·도, 시, 군, 자치구 등 4개 유형으로 구분하였다. 특·광역시·도는 서울특별시, 부산광역시, 경기도 등 17개 자치단체이다. 시의 경우 수원시, 성남시 등 72개 시이다. 군의 경우 여주군, 연천군 등 85개 군이다. 자치구의 경우 서울특별시 종로구, 중구 등 69개 자치구이다.

도 그 사용 목적이 청사용이면 일반유형자산으로, 공원 부속 시설이면 주민편의시설로, 댐 부속 시설인 경우 사회기반시설로 구분한다. 일반유형자산은 1년 이상 공공 서비스 제공을 위해 반복적 또는 계속 사용되는 자산으로 정의한다. 일반적으로 토지, 입목, 건물, 구축물, 기계장치, 차량운반구, 집기비품, 기타 일반유형자산과 건설 중인 일반유형자산을 포함한다. 주민편의시설은 주민 편의를 위하여 1년 이상 반복적 또는 계속 사용되는 자산으로 정의한다. 일반적으로 지역 주민이 공동으로 이용하는 편의시설로서 도서관, 주차장, 공원, 박물관, 동물원 등 주민의 생활에 밀접한 관련이 있는 공동시설을 포함한다. 사회기반시설은 초기에 대규모의 투자가 소요되며 파급효과가 장기간에 걸쳐서 나타나는 지역사회의 기반자산으로 정의한다. 일반적으로 도로, 도시철도, 상수도 시설, 수질정화시설, 하천부속시설, 폐기물처리시설, 재활용시설, 농수산기반시설, 댐, 항만시설, 기타 사회기반시설, 건설 중인 기타 사회기반시설을 포함한다.

무리한 개발사업이 총부채(유동부채, 장기차입부채, 기타 비유동부채) 증가로

총부채는 지방정부계의 유동부채, 장기차입부채, 그리고 기타 비유동부채를 합한 금액이다. 지방정부의 무분별한 개발사업 등의 이유로 유형자산이 증가하면 총부채도 증가한다는 추론이 가능하다. 특히, 자치단체장과 지방의원들은 궁극적으로 재선의 확률을 높이기 위한 유인이 내재되어 있는 주체적 행위자임을 부인할 수 없다. 즉, 자치단체장들은 재선을 목적으로 테마성 유형자산에 투자할 개연성이 상당히 크다. 그로 인해 지방정부의 부채 규모는 늘어날 수밖에 없는 것이다.

대부분 지방정부에서 유형자산의 투자(특히, 지방정부의 대규모 청사 건립, SOC 건설, 행사·축제 개최 등에 따른 재원 조달, 사회복지 수요 증가)는 지방정부의 총부채를 증가시키는 요인으로 작용하고 있다. 인천광역시, 시흥시, 그리고 태백시를 그 예로 들 수 있다. 세간의 화제가 되었던 성남시의 파산 선언은 대규모 시설투자를 판교특별회계에서 빌려 추진하였다가 갚지 못해 빚어진 결과이다. 일반적으로 지방정부의 대규모 시설투자, 사회기반시설 투자, 그리고 주민편의시설에 대한 투자는 지방정부의 유형자산을 증가시키는 요인으로 작용하고, 이러한 유형자산의 투자는 결국 부채로 이어진다.

자치구를 제외한 전체 지방정부의 사회기반시설 투자가 증가할수록 총부채가 증가하고 있다. 특히, 특·광역시·도의 총부채 증가율이 가장 높다. 이는 특·광역시·도를 중심으로 재정 배분이 이루어지기 때문이라고 판단한다. 대부분 지방정부에서 유형자산 투자는 단기차입금, 단기예수금, 유동성 장기차입부채 및 기타 유동부채로 구성된 유동부채에 영향을 미친다고 유추할 수 있다. 왜냐하면 단기차입금과 유동성 장기차입부채를 파악함으로써 지방정부의 부채를 정확히 파악할 수 있다. 자치단체장들은 단기차입금보다는 장기차입부채를 선호할 개연성이 크다.

무리한 개발사업 투자가 유동 및 장기차입부채 증가로

사회기반시설 투자가 증가하면 유동부채가 증가한다. 이는 특·광역시·도의 경우 사회기반시설 투자 시 단기차입금 형태를 선호하기 때문이다. 또한 전체 유형자산의 투자가 증가할수록 유동부채가 증가한다. 한편, 예산 규모가 증가할수록 유동부채가 감소한다. 지방정부의 입장에서는 대규모 청사의 건립, 공약사업의 이행, 그리고 사회복지 수요 증가에 따른 재원 조달을 위해 지방채를 발행할 수밖에 없다. 강원개발공사는 알펜시아 리조트 사업에 1조 7,000억 원을 투자하였는데, 이 중 1조 4,000억을 빌려서 하루 이자만 해도 1억 3,000만 원을 지출해야 하였다. 만약 개인이라면 시작도 하지 않았을 무모한 사업이었다. 더욱 문제는 동계 올림픽 개최 이후 엄청난 비용이 수반된다는 점을 간과하였다. 이들 지방정부는 사회기반시설 등 기본적인 인프라 구축을 위한 장기차입부채로부터 벗어나지 못한다. 자치단체장들은 공약사업 추진을 이유로 사회기반시설 투자에 재원을 늘릴 개연성이 크며, 일반적으로 이러한 투자에 장기차입부채를 선호한다. 왜냐하면 우선 치적을 쌓아 과시적 효과만 창출하면 될 뿐, 이후 재정 상태는 자신과 큰 상관이 없기 때문에 큰 문제로 인식하지 않는다. 자치구의 경우, 사회기반시설의 투자보다는 복지시설 등 일반유형자산 투자에 장기차입부채를 활용한다. 왜냐하면 자치구의 경우 대부분의 사회기반시설 투자를 광역시에서 담당하기 때문이다.

특히, 주목할 점은 재정이 상대적으로 건실한 특·광역시·도의 경우 총부채와 장기차입부채가 지속적으로 증가되고 있다. 따라서 특·광역시·도의 부채를 제어할 수 있는 시스템이 필요하다. 왜냐하면 이들 지방정부는 대규모 개발사업을 도시개발공사를 통하여 집행하고 있으나 지방정부의 부채에 집계되지 않기 때문이다. 도시개발공사를 포함하여 부채를 누계해 포괄적 부채관리가 요구된다.

자산 증가가 아닌 부채 증가로

지방정부에서는 유형자산을 건립하면 부채도 증가하지만, 부채에 관해서는 관심을 갖고 있지 않다. 즉, 외형적으로 지방정부의 자산이 늘어나는 것으로 인식될 수 있지만 실제로는 부채가 누적되어 가고 있다는 것을 간과하고 있는 것이다. 지방정부의 유형자산이 증가하면 지방정부로서는 각종 평가는 물론 재무보고서상 재정 지표도 좋게 인식되기 때문에 매우 좋은 수단 중 하나이다. 예컨대, 자산 대비 채무 비율이 낮아지게 되는데, 지방정부의 장은 이를 홍보하면서 재선에 유리한 고지를 점령할 수 있다. 자산 증가 이면의 비용(적자 운영)을 눈여겨보아야 한다.

7

국고보조금 등
의존재원이 부채로

<table>
<tr><th>국가 전체</th><th>지방</th></tr>
<tr><td rowspan="2">누구의 잘못이 더 클까?
중앙정부 ≧ 지방정부
연성예산 제약 악용, 도덕적 해이</td><td>자율성: 낮음</td></tr>
<tr><td>책임성: 낮음</td></tr>
</table>

정부는 재정분권을 주장하면서 재정 확충에 주안을 두어 지방정부가 중앙정부에 더 의존하게 만들었다. 지방정부에서는 '국고보조금과 지방교부세 등 재정 수익이 늘어나지만 부채도 동시에 늘어난다'. 근본적인 원인은 자치단체장과 지역구 국회의원의 지대 추구의 합작품일 경우가 많다. 단체장으로서는 선거용 치적 쌓기 사업을 추진하기 위해 국고보조금 사업을 신청하는데, 보조금 사업은 지방비 매칭이 필수다. 이를 충당하기 위해 지방정부는 지방채를 발행할 수밖에 없는 실정이므로 부채는 늘어난다. '외상은 소도 잡아먹는다'라는 속담이 있다. 외상은 크게 두 가지로 구분지어 설명이 가능하다. 하나는 국가로부터 보조금 사업(외상 1)을 추진하기 때문에 상대적으로 적은 사업비로 사업을 추진할 수 있다. 또 다른 하나는 선거에 활용할 뿐(외상 2) 그 이후 유지보수비 등 적자 운영은 신경쓰지 않는다.

최근 행정 수요의 복잡·다변화 현상은 재정 지출 규모를 증가시킬 수밖에 없다. 반면 지방재정 자립도 등 제반 재정 여건은 오히려 감소하는 추세에 있다. 예컨대, 민선자치 출범 이후 지방정부의 재정 규모는 47조 원(1995년)에서 248조 원(2020년)으로 5배 이상 증가하였지만, 같은 기간 재정자립도는 65.3%에서 48.27%로 감소하였다. 지방정부들은 민선자치

출범 이전에 비해 중앙정부로부터 국고보조금과 지방교부세 등 다양한 재정적 지원을 받고 있지만, 재정 여건은 오히려 나빠졌다. 그 근본적인 이유는 중앙 편중적 재정 구조－국세와 지방세의 비율(75.3 : 24.7)－를 고수하기 때문이고, 중앙정부의 취득세·등록세 감세 등 중앙정부 정책과 연관되기 때문이기도 하고, 세계 경제위기 극복 차원에서 지방채를 대폭 허용한 결과이기도 하다. 더욱이 자치단체장들의 공약사업을 위한 무리한 사업 추진 과정이 지방재정을 더욱 취약하게 만들었다.

대부분의 지방정부는 스스로 재원을 조달하는 것이 제한되기 때문에 중앙정부에 의존하는 것은 물론 지방채를 발행할 수밖에 없는 처지에 놓여 있다. 다만, 지방정부들이 지방채 발행한도제 등의 영향 요인으로 제반 사업을 추진할 때 의존재원 확보에 사활을 걸고 있다. 다시 말해, 지방정부들은 자주적 세입 확보 노력이 필요하지 않은 의존재원을 우선하여 확보할 가능성이 크다. 그 결과 지방세수 확충을 자체 노력보다는 중앙정부의 재정 지원을 필요 이상으로 요구하여 국가 전체적 관점에서 비효율적인 재정 운영을 야기할 가능성이 있다(배인명, 2009).

지방세수가 많지만 누적 부채가 늘어난다면

일반적으로 수익(자체조달수익, 그리고 정부 간 이전수익)이 많으면 그만큼 재원이 풍부하기 때문에 부채는 감소할 것이라는 논리적 추론이 가능하다. 그런데 문제는 지방정부들은 자체조달수익이 많음에도 부채가 누적되고 있다. 특히, 자체조달수익이 건실한 광역시·도의 부채가 오히려 급증하고 있다는 점이다. 인천, 대구, 부산이 그 예인데, 더 큰 문제는 이들 지방정부의 산하 공기업의 부채를 포함하면 부채 규모는 더욱 심각한 수준이다(정성호, 2013).

지방자치단체 회계 기준에 따르면, 부채는 크게 총부채, 유동부채, 장기차입부채로 구분되고, 재정 수익은 자체조달수익(지방세)과 정부 간 이전수익(의존재원)으로 구분된다. 부채에 관한 정의는 법적인 맥락에서 다소 차이를 보인다. 「국가재정법」에 따르면(국가재정법상 채무), '정부가 차입의 주체로서 원리금의 상환 의무를 직접 부담하는 확정채무'를 국가채무로 규정한다. 여기에는 차입금, 국채, 그리고 국고채무 부담 행위만 포함되고, 정부보증채무와 같은 우발채무나 공기업 부채, 통화안정증권 차입과 같은 통화당국의 채무 등은 포함되지 않는다.

여기서 잠깐

채무는 국가재정법상 채무와 국가채무로 구분된다. 국가재정법상 채무는 중앙정부의 국채, 차입금, 국고채무 부담 행위를 말하고, 국가채무(D1)는 중앙정부의 채무와 지방정부의 순 채무를 포괄한다.

이제 재정 수익과 총부채 간 관련성에 관해 논의해 보자. 즉, 재정 수익 규모와 총부채 간 관계는 지방정부의 무분별한 개발 사업 등과 연관된다. 자치단체장과 지방의원들은 궁극적으로 재선을 위한 유인이 항상 내재하여 있다. 즉, 재선을 목적으로 테마성 사업에 투자할 가능성이 상당히 크다.

지방정부의 부채 증가는 공통된 현상이라 볼 수도 있지만, 특히 광역자치단체의 부채가 급증하고 있다는 점에 주목할 필요가 있다. 이들 지방정부는 비교적 자체 재원이 풍부하기 때문에 문제로 인식되기에 충분하다. 또한 자체 재원이 부족한 지방정부들은 의존재원을 확보하려는 유인이 더 크다. 결과적으로 총체적 부채 규모가 늘어날 가능성이 커지게 된다. 총예산과 자체 재원 규모가 클수록 부채가 증가될 개연성이 크고, 이러한 지방정부 유형은 광역자치단체이다. 한편, 의존재원 규모가 클수록 부채가 상대적으로 증가될 개연성이 큰 지방정부 유형은 기초자치단체이다. 일반적으로 의존재원은 지방정부로 하여금 총부채 감소와 연관지어 설명이 가능한데, 기초 지방정부는 그 반대라 할 수 있다.

재정 규모와 상관없는 유동부채 증가

자체 재원이 부족한 지방정부들은 단기차입금, 단기예수금, 유동성 장기차입부채 및 기타 유동부채의 유동부채를 발행하게 된다. 따라서 재정 수익 규모와 단기차입금과 유동성 장기차입부채 간 인과 관계를 파악할 필요가 있다. 그런데 최근의 경향은 광역자치단체나 기초자치단체 할 것 없이 공통으로 장·단기 차입 등을 통한 부채가 증가하고 있다. 다만, 광역자치단체들은 단기차입 등을 통한 부채 증가와 연관될 개연성이 크고, 기초자치단체들은 장기차입부채를 선호할 개연성이 크다. 왜냐하면 기초자치단체들은 상대적으로 재원이 부족하기 때문이다.

총예산 규모가 증가할수록 유동부채 비율이 증가하고 있다. 이는 특·광역시·도 위주의 부채 증가 현상으로 총부채 증가와 동일한 맥락에서 이해할 수 있다. 한편, 의존재원은 유동부채와 연관된다. 특히, 특·광역시·도와 군의 경우, 의존재원 비율이 증가할수록 유동부채 비율이 감소하고 있다. 상반되는 결과로 자치구는 유동부채가 증가하고 있다. 이를 통해 유추할 수 있는 것은 광역시·도가 단기차입금 등을 활용할 가능성이 크다고 할 수 있다.

치적 쌓기(공약사업)가 장기차입부채의 주범

지방정부의 입장에서는 대규모 청사의 건립, 공약사업의 이행, 그리고 사회복지 수요 증가에 따른 재원 조달을 위해 지방채를 발행해야 한다. 그런데 자치단체장들은 공약사업을 추진하기 위해 장기차입부채를 선호한다는 추론이 가능하다. 왜냐하면 우선 치적을 쌓아 과시적 효과만 창출하면 되지 이후 재정 상태는 그리 큰 문제가 되지 않기 때문이다. 즉, 재정의 책임성 논란에서 비교적 자유롭기 때문이다. 그러므로 장기차입부채의 증가는 광역과 기초자치단체의 공통된 현상인데, 이는 일반적으로 의존재원에 의존할 경향이 강하면서도 비교적 쉬운 방법으로 사업을 추진하려는 의도가 반영된 것이다(정성호, 2013).

총예산 규모가 증가할수록 장기차입부채가 증가하고 있다. 이는 특·광역시·도의 선심성 공약사업 추진과 대규모 국제대회 유치 경쟁 등의 요인과 연관될 가능성이 크다. 비교적 재정력이 풍부한 광역시·도급과 시 단위 자치단체가 장기차입부채를 선호한다. 실제로 인천, 대구, 부산 등의 광역시와 비교적 재정이 건실한 천안, 성남 등의 시 단위의 장기차입부채가 많다(정성호, 2012a). 한편, 서울 마포구를 제외한 전 자치구는 장기차입부채를 활용하지 않는다. 이와 달리 실제 비교적 재정이 열악한 노원구 등 자치구는 차입을 통한 구정이 필요함에도 서울의 대부분 구청장은 무차입 행정을 미덕으로 삼고 있다.

예산 규모가 큰 광역시·도의 부채 증가 문제는 마땅히 관리되어야 한다. 비교적 재정이 건실할 것이라는 예측과는 달리 광역시·도 단위의 부채가 오히려 크게 증가하고 있기 때문이다. 광역 단위 지방정부는 타 단위의 지방정부보다도 지방채를 더 많이 발행하여 어찌 보면 보조금을 지급받고 있는 것과 같다. 그럼에도 지방채 발행 예외 조항을 허용하기 때문에 지방채를 연속해서 초과 발행하고 있는데, 이것은 문제이다.

애초에 시작하지 말았어야 할 국고보조사업

자치단체장은 국고보조사업이라면 두 번 생각하지 않고 추진한다. 왜냐하면 치적 쌓기용으로 그만한 대안이 없고 선거에도 유리하기 때문이다. 지방정부는 국고보조금 등 재정 수익이 늘어나는 것에 대비하여 실제 부채가 늘어나고 있다는 사실을 유념해야 한다. 중앙정부의 재정 지원을 믿고 애초에 시작하지 말았어야 할 국고보조사업을 시작한 것이기 때문에 부채는 늘어날 수밖에 없는 것이다.

08

지방보조금 사업이 지방재정을 멍들게

국가 전체	지방
누구의 잘못이 더 클까? **지방정부(only) 스스로의 결정** 도덕적 해이	자율성: 높음
	책임성: 낮음

정부는 2000년대에 발생주의 회계 기준을 도입하였기 때문에 민간기업과 동일하게 이익조정이라는 수단을 활용하여 재정 운영 결과를 좋게 보일 가능성이 내재되었다고 할 수 있다. 우리나라의 재무회계 현실을 돌아보면 아직까지 관련 공무원이 전문성을 축적하지 못해(일부 지방정부의 경우, 회계사 고용으로 전문성을 확보), 이익조정이 일어날 개연성은 크지 않다고 본다. 그렇다고 지방정부에서 전혀 이익조정을 하지 않는다고 할 수는 없다.

구체적인 질문을 하나 해보면, 재정 운영 결과에 대한 기존의 연구는 이익조정을 중심으로 한 회계학적 접근이 많았다. 예컨대, 개별 주체가 비용을 줄이기 위해 과소계상(이익조정)을 하고, 구체적으로는 0에 아주 근접하게 조정을 한다는 것이 일치된 견해이다(정성호, 2017; Ferreira et al., 2012; Stalebrink, 2002). 대부분의 지방정부는 정부 간 이전수익(국고보조금과 지방교부세로 구성)으로 지방재정을 운영하고 있기 때문에 수익을 늘리는 것이 녹록지 않다. 따라서 비용 관리가 상대적으로 더 중요하다. 불필요한 비용을 줄이는 것은 재정 운영 결과를 개선하는 가장 효율적인 방안이다. 더불어 지속 가능한 재정 운영의 척도이자, 근간이다.

지방보조사업(특히, 민간 등 이전비용)을 줄여야…

지방정부의 정부 간 이전비용과 민간 등 이전비용은 재정 운영 결과에 부정적 영향을 미친다. 즉, 지방정부 간 이전되는 비용(예, 광역에서 기초로, 지자체에서 교육청으로)이 증가하기 때문에 재정 운영 결과에 부정적 영향을 미친다. 이렇듯 정부 간 이전비용은 일부 줄일 여지가 없는 것은 아니지만 대부분 법정 지출이다. 민간보조금을 포함한 민간 등 이전비용은 삭감의 여지가 크지만 지방정부에서 굳이 삭감할 필요를 느끼지 못한다. 재정 지출 효율화 관점에서 지방정부의 이전비용이 재정 운영 결과에 미치는 영향을 살피고, 지방보조금 관리에 관한 합리적 대안을 모색해야 한다.

중앙정부 기준에 맞추다가 오히려 망친 사례

재미있는 일화를 하나 소개하면, 2012년도 이전까지 지방정부의 재정 운영표는 수익에서 비용을 차감하는 방식이었다. 과거 지방정부 기준이 더 타당하였으나, 중앙정부와 동일하게 변경하는 과정에서 통일안을 따를 수밖에 없었다. 여기서부터 논리적 한계에 직면하였다. 부연해 설명하면, 지방정부는 2012 회계연도 이전에는 '운영차액(수익－비용)' 개념을 활용하였으나 그 이후 재무제표부터 중앙정부와 동일하게 '재정 운영 결과(비용－수익)' 계정을 활용하였기 때문에 혼란이 발생한 것이다. 왜냐하면 재정 운영 결과 값이 음(－)이면 흑자이고, 반대로 양(+)이면 적자 상태를 의미하기 때문이다(정성호, 2017). 따라서 현행처럼 '재정 운영 결과' 용어는 그대로 사용하되 수익에서 비용을 차감하는 형식으로 변경하여 재정 운영 결과가 양(+)의 값일 때 흑자로 인식할 수 있도록 해야 한다. 재무제표(재정운영표)에서도 동일하게 수익 항목을 먼저 표시하고 비용 항목을 뒤에 표시하는 것이 당연한 원칙이다(현재는 비용, 수익 순서). 이는 국제 기준의 정부재정 통계(Government Finance Statistics: GFS)에도 부합한다.[1] 외국(미국, 영국, 호주, 뉴질랜드, 캐나다 등)의 사례를 개략적으로 검토해도 수익에서 비용을 차감하는 형식의 공시가 주로 사용되고 있다.

재정 운영 결과에 직접적인 영향을 미치는 요인은 수익과 비용이다. 지방정부는 재정 운영 결과를 개선하기 위해 수익을 늘리거나 비용을 줄여야 한다. 하지만 대부분의 지방정부가 지방세수의 부족으로 중앙정부의 이전재원(정부 간 이전수익)에 의존한다는 점을 고려할 때 수익 관점에서 대안을 모색하기는 힘들다. 비용 관점에서 대안을 모색하는 합리적 해결점을 찾아야 한다.

함축하면, 지방정부는 비용을 줄여야 재정 운영 결과를 개선할 수 있다. 그리고 지방정부가 비용을 줄여 재정 운영 결과를 개선하는 방법에는 두 가지가 있다. 첫째는 비용을 과소계상(이익조정 등) 처리하는 것이고, 둘째는 재정 지출 효율화를 통해 불필요한 비용을 줄여 나가는 것이다. 전자는 회계학적, 후자는 재정학적 관점이라 할 수 있다. 여기서는 후자에 초점을 맞춘다.

---

1 수익에서 비용을 차감하여 '순 운영수지'라 명명한다(IMF, 2014, table 4.1).

비용을 줄이는 것이 핵심

재정학적 관점에서는 지방정부가 재정을 운영하여 좋은 결과를 얻기 위해서는 실제로 투입되는 비용을 줄여 나가야 한다. 그 비용은 크게 정부 간 이전비용과 민간 등 이전비용이 있다. 이미 설명한 바와 같이 정부 간 이전비용은 대부분 법정 지출로 줄일 여지는 크지 않다. 반면, 민간 등 이전비용은 대부분 재량 지출로 줄일 수 있는 여지가 상대적으로 크다. 다만, 선거를 의식하는 자치단체장에게 이를 줄일 의지가 없다는 것이 문제점이다. 결론적으로, 재정학 관점의 비용을 줄여 나가는 방법은 회계학 관점의 접근보다 훨씬 용이하고 유의미한 전략이다. 정치적 의지만 있으면 실현 가능하다는 것이 이 전략의 약점이자 강점이다. 현재까지는 이 점이 약점으로 작용해 관심을 받지 못하였다. 같은 이유로 '재정학 관점의 비용과 재정 운영 결과 간 연구'는 전무한 상황이다. 거대담론 차원에서 불필요한 비용을 줄여 재정 운영 결과를 개선하는 합리적 대안을 탐색할 필요가 있다. 이는 지방정부의 지속 가능성과 연관된 유의미한 전략임에 틀림없다.

불필요한 민간 이전비용을 줄여야…

대부분 법정 지출인 정부 간 이전비용은 줄일 여지가 크지 않다. 반면 지방보조금 등으로 구성된 민간 등 이전비용(민간보조금 등)은 대부분 재량 지출 항목이기 때문에 자치단체장이 의지만 있다면 줄일 여지는 상대적으로 크다. 다만, 자치단체장이 이를 줄일 의지(또는 유인)가 없다는 점이 큰 한계이다. 중앙정부 차원에서 규제를 통해 강제할 필요가 있다(예, 일몰법을 적용한 지방보조금).

민간 등 이전비용(민간보조금, 민간장학금, 전출금, 기타이전비용)이 증가할수록 재정 운영 결과에 부정적 영향을 미친다. 민간 등 이전비용은 과감히 줄여 재정 건전성을 강화해야 하는데, 대안 차원에서 지방보조금심의위원회의 형식적인 지방보조금 평가를 개선할 필요가 있고, 동시에 국고보조금 평가 기준을 그대로 모방하여 지방보조금 평가에 유용하지 않는 평가 기준의 시급한 개선이 필요할 것이다. 더 나아가 지방정부 장의 강력한 의지가 더욱 중요하다고 판단된다. 지방보조금 등 민간보조금을 과감히 줄여 재정 건전성을 강화해야 할 것이다.

민간보조금의 경우 모든 지방정부 단위의 재정 운영 결과에 공통적으로 부정적 영향을 미치고, 민간장학금의 경우 특·광역시·도 단위의 재정 운영 결과에 부정적 영향을 미친다. 전출금의 경우 시 단위의 재정 운영 결과에 부정적 영향을 미치고, 기타이전비용의 경우 전체, 특·광역시·도 단위의 재정 운영 결과에 부정적 영향을 미친다. 이로써 지방보조금을 과감히 줄여 재정 건전성을 강화할 필요가 있다. 이는 재량 지출 항목이기 때문에 자치단체장의 정치적 의지만 있으면 충분히 달성할 수 있는 과제이다. 다만, 민간 등 이전비용이 재정 운영 결과에 부정적인 영향을 미쳤다는 점과 민간단체에 이전 지출된 보조금의 성과 달성과는 차이가 있다는 점을 유념할 필요가 있다.

지방보조금심의위원회 내실화, 보조금 평가 기준 개편 시급

지방보조금심의위원회의 내실화와 지방보조금 평가 기준의 시급한 개선이 필요하다. 국고보조금 관리는 그간 체계성이 부족하다는 지적을 받아 왔다. 더욱이 지방보조금 관리는 지나치게 형식적이라는 평가가 이어져 왔다. 그중 가장 큰 문제는 지방보조금심의위원회의 형식적인 심의에 있다. 이에 더해 국고보조금 평가 기준을 그대로 모방해 만든 지방보조금 평가 기준은 지방정부의 현실을 전혀 반영하지 못하고 있다. 지방보조금 심의를 하나의 요식행위로밖에 여기지 않는 현재의 관행을 과감히 바꾸고, 지방정부의 실정을 반영하는 평가 기준도 마련해야 한다. 또한 지방보조금에 일몰법을 적용시키는 유인책이 없다는 점을 다시 한번 지적한다. 재정분권을 지향하는 방향성은 지키되(자율규제가 가장 중요), 중앙정부 차원에서 지방보조금을 관리할 수 있는 규제책(가이드라인 제시)이 필요하다.

9

무분별한 민간투자사업(BTO · BTL)이 지방재정을 멍들게

국가 전체	지방
누구의 잘못이 더 클까? **중앙정부(only) 결정** 거버넌스 실패	자율성: 낮음
	책임성: 낮음

정부 재정 지출은 재정사업(예산사업)과 예산외 사업으로 구분된다. 예산외 사업으로 추진되는 민간투자사업은 수익형과 임대형으로 구분된다. 1995년 이후 초기는 수익형 민자사업(BTO)이 중심이었다면 2005년 이후에는 임대형 민자사업(BTL)이 주를 이룬다. 민자투자사업은 기획재정부에서 총괄 관리되고 있기는 하지만, 체계적 관리는 미흡한 실정이다. 더욱 문제는 지방정부들이 다양하게 BTL을 추진하고 있는데 집계가 잘되지 않고 있다는 것이다.

민간투자사업은 수익형과 임대형이 공통적으로 국가사업과 지자체사업으로 나뉜다. 수익형(BTO)은 주로 국가사업으로 국토부와 국방부가 중심이 된다. 한편, 임대형(BTL)은 국가사업과 국고보조사업으로 구분되는데, 국가사업은 군인아파트 및 독신자 숙소의 신축, 군 주거시설과 병영생활시설, 기능대학 시설, 일반철도 건설, 국립대 기숙사 신축, 학교 시설, 군정보통신망, 재난통합지휘무선통신망, 국민임대주택, 청소년 수련원, 공공보건의료시설 및 보육시설이 해당한다.

국고보조 지방정부사업은 노후하수관거 정비사업, 문예회관 신축, 박물관·미술관 등 신축, 노인의료시설 및 복지시설, 지방의료원 신축, 과학관 신축 등이 해당한다. 다만, 지방정부의 자체 사업은 초·중등학교 시설

그림 9-1 민간투자사업의 구분(수익형 BTO vs. 임대형 BTL)

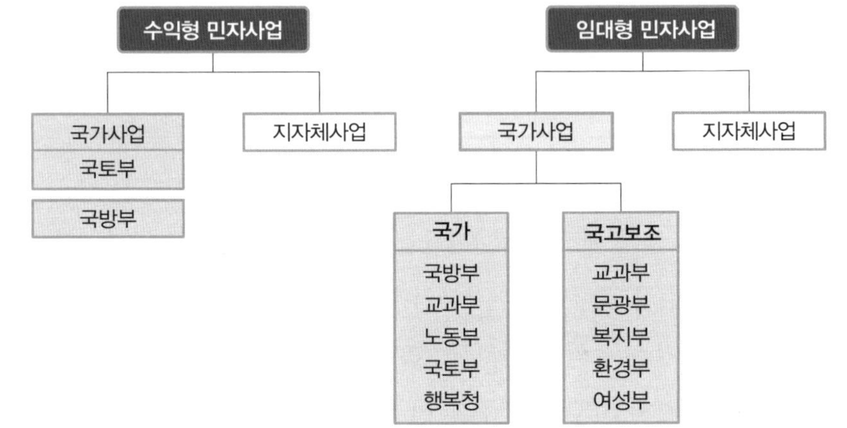

자료: 국회예산정책처(2010), p. 5.

건립 등이 이에 해당한다.

민간투자사업은 분류 기준에 따라 다양한 유형으로 구분된다. 즉, 사업 시행 방식에 따라 BTO, BTL, BOT(build-operate-transfer), BOO(build-own-operate)로 구분되고(민간투자법 제4조), 사업 제안 방식에 따라 정부고시사업과 민간제안사업으로, 투자비 회수 방식에 따라 수익형과 임대형으로 구분된다. 민간투자사업의 주요 연혁은 다음과 같다.

최소운영수입보장제도(MRG)가 재정 위기의 주범

〈표 9-1〉에서 설명하고 있듯이, 민간투자사업은 1960년대부터 개별법에 따라 추진되다가 1994년 「사회간접자본시설에 대한 민자유치촉진법」(약칭 '민간투자법')이 제정됨에 따라 본격적으로 도입되었다. 주로 도로, 철

표 9-1 민간투자사업의 주요 연혁

구분	법률	주요 내용
도입 (1994. 8)	「사회간접자본시설에 대한 민자유치촉진법」 제정	민자 관련 개별법을 종합(주로 BTO 방식) SOC 시설을 민간자본으로 건설, 민간이 운영
활성화 (1999. 1)	「사회간접자본시설에 대한 민간투자법」으로 개정	외환 위기 상황에서 민간투자 활성화를 위해 수정·보완 인프라펀드 도입, 최소운영수입보장제도(MRG) 도입 등
BTL 도입 (2005. 1)	「사회기반시설에 대한 민간투자법」으로 개정	학교, 군숙소 등 생활기반시설로 확대 BTL 방식 적용
일부 개정 (2008. 12)	이하 동일	BTL 사업에 국회 통제 강화(사전의결), 부정당업자 제재 등
일부 개정 (2010. 5)		5회계연도 이상의 기간에 대한 정부지급금 규모를 연도별로 주무부처별·대상 시설별 등으로 전망한 임대형 민자사업 정부지급금추계서 매년 작성 정부지급금 규모의 증감 원인 등 분석
일부 개정 (2013. 5)		예산안과 같은 시기에 임대형 민자사업의 총한도액 등을 국회 제출(90일 전→120일 전까지)
일부 개정 (2016. 3)		농협중앙회 상호금융 부문을 이 법상 금융회사 등에 포함 사회기반시설 투융자신탁의 대출 한도를 수익증권 총액의 30% 제한 규정 삭제
일부 개정 (2018. 3)		지방경찰청·경찰서 등 사회기반시설 확대 BTL 방식 적용 사회기반시설에 「경찰법」에 따른 지방경찰청 및 경찰서 포함
시행령 개정 (2024. 12)	시행령 일부 개정	신용보증 한도 확대: 산업기반신용보증기금의 민자사업별 신용보증 한도(1조 원→2조 원) 부대사업 유형 추가: 민간투자사업 추진 사업 유형(17개→24개) 보상자금 선투입제도의 법적 근거 명확: 민간투자사업기본계획에 근거해 추진되던 보상자금 선투입의 내용과 절차를 시행령에 명시

자료: 법제처 국가법령정보센터에 기초해 저자 작성.

도, 항만 등의 시설을 민간자본으로 건설하고 민간이 운영하는 수익형 민간투자사업 위주로 시행되었다. 한편, 1998년 외환 위기 등의 요인으로 사회간접시설에 대한 「민자유치촉진법」을 전면 개정하여 투자 확대를 통한 활성화를 도모하기 위해 최근 문제시되는 최소운영수입보장(minimum revenue guarantee: MRG) 등의 제도가 도입되었다. 하지만 재정 문제 악화에 직접적인 원인을 제공하는 것이 바로 MRG이기도 하다. 지금은 비용보전방식(standard cost support: SCS)이 활용된다.

그 후 2005년 「사회기반시설에 대한 민간투자법」으로 개정하여 학교, 군 주거시설, 보건의료시설 등 생활기반시설이 민간투자 대상으로 추가되고, 임대형 민자투자사업 방식이 도입되기에 이른다. 아울러 2008년에는 임대형 민자사업에 대한 국회 통제(사전의결)를 강화하기 위해 법이 개정되었다. 이는 최근 민간투자사업이 사회적 문제로 대두한 것과 연관된다. 2013년에는 예산안을 제출하는 시기에 민자사업의 총액 한도를 제출하도록 개정되었다.

한편, 민간투자법에서 규정하고 있는 사업 시행 방식에 따른 구분을 중심으로 살펴보면 다음과 같다. 다만, 사회기반시설 준공 후 일정 기간 동안 사업시행자에게 소유권이 인정되며 운영하다가 그 기간이 만료되면, 소유권이 국가나 지방정부에 귀속되는 방식의 BOT(건설-운영-양도)와 사회기반시설 준공과 동시에 사업시행자에게 당해 시설의 소유권이 인정되는 방식의 BOO(건설-소유-운영)는 논의에서 제외하고 BTO와 BTL에 관해 세부적인 논의를 하면 다음과 같다.

수익형 민자사업(build-transfer-operate: BTO)

시설이 준공(build)되면 소유권을 정부에게 넘기고(transfer) 사업시행자는 20~30년간 운영권(operate)을 갖는 방식이다. 즉, 사업시행자는 사회기반시설이 준공됨과 동시에 시설의 소유권이 국가나 지방정부에 이전되지만 사업시행자에게 일정 기간 운영권을 인정함으로써 사업시행자는 관리운영권을 근거하여 시설 이용자로부터 사용료 등을 받아 투자비를 회수하는 방식이다. 〈그림 9-2〉에서 '기부채납'이라는 용어를 사용하고 있으나 사실상 '시설물 자산이전'이 타당하다는 의견이 제시되었다. 왜냐하면 시설관리 운영권을 주는 교환 조건으로 시설물을 이전받기 때문에 무상의 의미가 담긴 기부채납은 적절치 않다고 본다(민기, 2012).

그림 9-2 수익형 민자사업(BTO) 방식

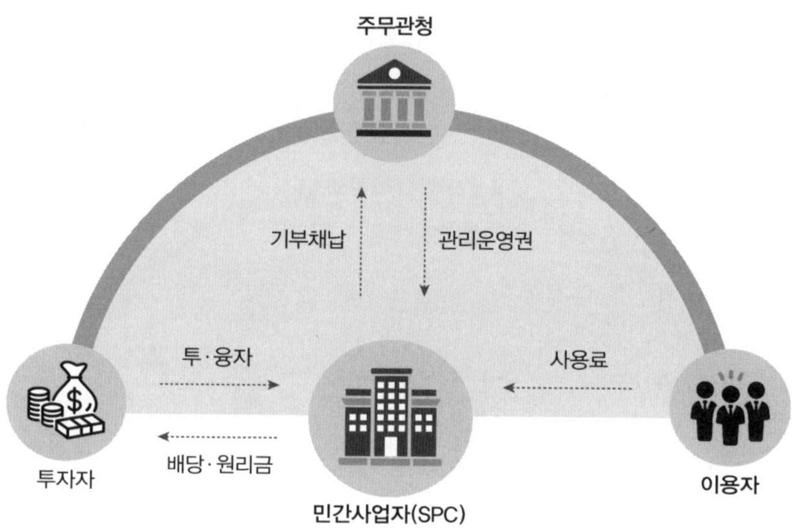

자료: 건설교통부(2006).

임대형 민자사업(build - transfer - lease: BTL)

2005년에 새로 도입된 방식으로 민간이 자금을 투자하여 공공시설을 건설하고 그 소유권을 정부에 넘기는 것은 BTO 방식과 같지만, 사업시행자가 정부에 그 시설을 임대(lease)하는 형식으로 운영비와 건설비 등을 매년 임대료 명목으로 회수하는 방식이다.

민간투자사업은 민간자금을 이용하여 공공시설을 건설하는 것이 원칙이나 사실상 정부의 재정 지원이 아주 많다. 세부적인 내용을 살펴보면, BTO 사업은 민간투자법 제53조에 근거하여 용지보상비, 건설보조금, 최소운영수입보장(MRG, 현재는 폐지됨) 등의 재정 지원이 이루어진다. 먼저 BTO 사업에 대해 논의하면, 용지보상비는 수익성이 있는 일부 민자고속도로를 제외하고 소유권의 정부 귀속을 대가로 100% 지급되는 경우가 대부분이다. 또한 건설보조금은 총투자비의 30~50% 수준으로 지원되다가

그림 9-3 임대형 민자사업(BTL) 방식

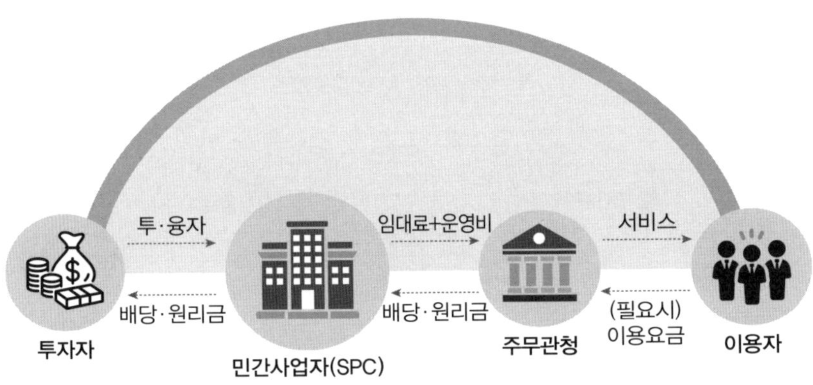

자료: 건설교통부(2006).

(도로항만 30%, 철도 50%) 2006년 이후 민자사업 활성화 차원에서 대폭 축소되었다. 최소운영수입보장은 추정수입액에 미달하는 액수의 일정 비율만큼을 지원하다가 이러한 수입보장이 사회적 문제로 가시화되자 2006년에 민간제안사업만 폐지하였다가 2009년부터는 정부고시사업까지 완전히 폐지하였다. 폐지는 하였다고 할지라도 적정 임대료 등은 여전히 문제의 소지가 크다.

한편, BTL 사업은 민간투자금을 정부지급금으로 보전하는데 시설임대료와 운영비로 이루어져 있다. 함축하면, 정부의 재정 부담은 용지보상비, 건설보조금, 최소운영수입보장, 정부지급금 등이라 할 수 있으며, 이미 설명한 바와 같이 비용보전 방식(SCS)으로 변경되었지만, 민간투자사업으로 인한 잠재적 부채가 지속해서 증가할 경우 최대의 피해자가 국민임을 상기해야 한다.

1994년부터 2023년까지 누적 추진실적은 총 145.9조 원이다. 2023년에는 92개 사업(BTO 34개, BTL 58개)에 대해 4.9조 원(BTO 3.9조 원, BTL 0.9조 원)을 집행하였다. BTO는 포천-화도 고속도로(0.8조 원), 수도권 광

표 9-2 민간투자사업 추진 단계별 투자비 실적(1994~2023)

구분	사업 수(개)					투자비(조 원)			
	합계	운영 중	시공 중	준비 중	종료	합계	민간 투자비	건설 보조금	토지 보상비
BTO	281	190	20	15	56	109.2	68.9	26.8	13.5
BTL	572	493	35	29	15	36.7	36.0	0.6	0.02
합계	853	683	55	44	71	145.9	105.0	27.4	13.5

자료: 기획재정부(2024), p. 3.

표 9-3 민간투자사업 추진 단계별 투자비 집행 실적(2023)

구분	사업 수(개)					투자비(조 원)			
	합계	운영 중	시공 중	준비 중	종료	합계	민간 투자비	건설 보조금	토지 보상비
BTO	34	6	20	8	0	3.9	1.7	1.2	1.0
BTL	58	14	31	12	1	0.9	0.9	0.03	0.01
합계	92	20	51	20	1	4.9	2.6	1.2	1.0

자료: 기획재정부(2024), p. 3.

역급 급행철도 A노선(0.8조 원) 등 34개 사업, 3.9조 원 집행, 대곡-소사 복선전철(0.1조 원), 그린스마트 미래하교 단성중고 외 3교(0.04조 원) 등 58개 사업, 0.9조 원을 집행하였다.

민간투자사업(BTL)을 수행할 때 민간사업자는 시설물을 준공 후 운영개시 시점부터 정부로부터 정부지급금을 받는다. 정부지급금의 산출 기준은 (시설임대료-부속사업수익)+운영비용으로 계산된다. 이때 시설임대료는 민간이 투입한 시설투자비에 대한 보상분으로

$$시설임대료=총민간투자비\times\frac{수익률}{1-(1+수익률)^{-(임대기간)}}$$

로 계산되며, 수익률은 5년 만기 국채금리+가산율(α)로 계산된다. 운영비용은 민간이 유지보수를 담당하면서 지출한 비용에 대한 보전분으로 시설이용 가능성(availability) 및 성과 요구 수준에 대한 성과평가(performance) 결과에 따라 차감 지급하게 된다(민간투자사업기본계획).

BTL 사업은 BTO 사업과 달리 정부고시사업 위주라 할 수 있다. 따

라서 주무관청의 사업계획 수립으로 사업이 시작되며 타당성 및 민자 적격성 조사를 거친 다음 기획재정부에 사업계획을 신청하면 기획재정부는 한도액을 편성하여 예산안과 같이 국회의 의결을 받아 한도액 안을 확정하고 그 후 고시, 평가 및 선정, 실시협약 체결, 실시계획 승인 등을 거쳐 사업이 진행된다.

민자 적격성 조사란 재정사업에 비해 민자사업 추진이 비용·편익 면에서 우월한지 여부를 조사하는 것이다. 즉, 재정사업으로 시행하였을 경우 비용에 해당하는 정부실행대안(public sector comparator: PSC)과 민자사업으로 시행할 경우 비용에 해당하는 민간투자대안(private finance initiative: PFI)을 비교하는 VFM(Value for Money) 테스트를 하여 VFM이 0보다 클 경우 민간투자 적격성이 있는 것으로 평가하고 있다. 이 과정에서 낙찰률, 건설이자율, 사업수익률 등이 타당하게 설정되었는지 확인해야 한다. 〈그림 9-4〉는 재정사업과 민자사업을 비교하여 적격성 여부, 특히 VFM

그림 9-4 민자 적격성 조사(재정사업 / 민자사업)

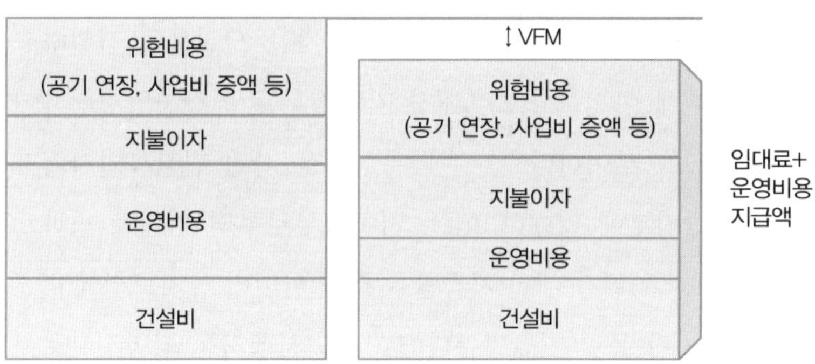

자료: 정성호·정창훈·박정수(2012).

그림 9-5 임대형 민간투자사업(BTL)의 구조

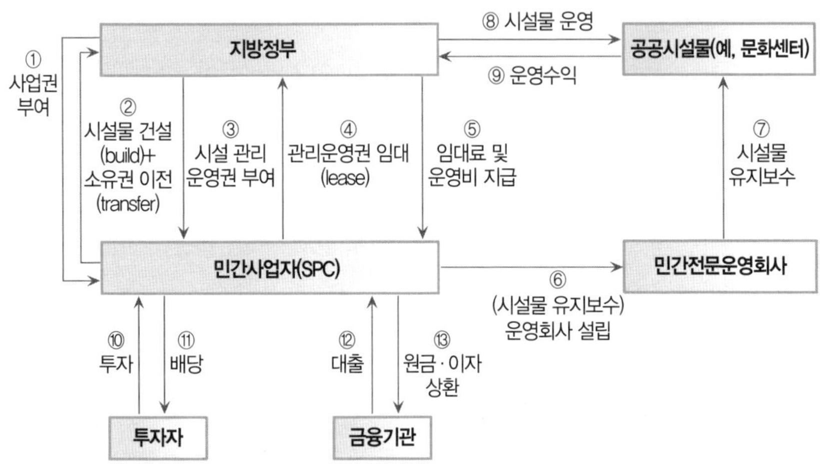

자료: 민기(2012), p. 70.

에 관한 내용이다.

〈그림 9-5〉는 임대형 민간투자사업의 구조를 설명하고 있다. 지방정부는 민간사업시행자(special purpose company: SPC)를 선정하여 실시협약을 체결하고 사업권을 부여한다(①). 사업시행자는 시설물을 건설하고 소유권을 지방정부에 이전한다(②). 대신 지방정부는 민간사업시행자에게 시설관리 운영권을 부여한다(③). 관리운영권을 가진 민간사업시행자는 이 운영권을 지방정부에 임대하고(④), 지방정부로부터 임대료 명목으로 준공 후 20년 또는 30년간 매년 지급받을 뿐만 아니라 유지보수에 따른 운영비를 동일한 기간 동안 지급받는다(⑤). 사업시행자는 지방정부로부터 받은 운영비를 재무적 투자자에게 배당하고(⑩, ⑪), 금융기관으로부터 차입

한 대출금을 상환한다(⑫, ⑬).

사업시행자는 시설물의 유지보수를 위해 민간사업시행자(SPC)에서 출자한 민간전문운영회사를 설립한다(⑥). 이 운영회사는 시설물을 유지보수 업무를 담당하고(⑦), 지방정부로부터 운영비를 지급받는다. 또한 지방정부는 프로그램을 운영하고 그 수익을 세외수입으로 계상한다(⑨)(민기, 2012, p. 70).

예산외 사업 추진이 근본 문제

지방정부의 재정지출 또한 예산사업(또는 재정사업)과 예산 외(off-budget) 사업으로 구분된다. 예산사업으로 추진하는 부채는 그나마 관리가 되고 있다. 하지만 민간투자사업과 같은 예산 외로 추진되는 사업은 부채로 인식되지 않기 때문에 관리되지 않고 있다. 우리나라 지방정부의 공통적인 특성은 지방채무 산정 기준에 의한 예산 대비 채무 비율은 일부 지방정부를 제외하고 그리 문제가 되지 않는다는 점이다. 대개의 지방정부는 지방채 발행과 증서 차입을 통해 조달한 채무원금과 지급해야 할 이자를 포함하면 그 규모는 크게 증가한다. 더욱이 민간투자사업을 포함하면 예산 대비 채무 비율이 거의 두 배에 달한다.

민기(2012)의 주장에 의하면, 2010년 제주도의 예산은 27,498억 원이다. 또한 행정안전부의 지방채무 산정 기준에 의하면, 지방채 잔액이 8,137억 원으로 예산 대비 채무 비율은 29.6%로 '주의' 기준에 해당한다. 이에 더해 지방채 발행과 증서 차입의 이자 2,493억 원과 BTL 사업을 통해 소유권을 이전받은 시설물의 임대료 11,249억 원 중 시가 부담해야 할 비용은 5,299억 원이다. 그렇다면 제주특별자치도의 실질채무는 15,929억 원으로 예산 대비 채무 비율은 57.9%에 해당한다. 즉, '심각' 기준을 훨씬 넘어선 것이나 다름없다. 이러한 현실은 비단 제주특별자치도만의 문제는 아니다.

수익형 민자사업은 일반적으로 국가사업에 국한되어 있고, 임대형 민자사업은 국가사업과 국고보조 및 순수 지방정부사업으로 구분된다. 대개 지방정부는 국고보조 지자체사업의 민간투자사업을 수행하게 된다. 예컨대, 문화센터 등과 하수관거시설 등이다. 2012년 '부채 제로'를 선언한 전남 완도군은 "2005년 군외면사무소 청사를 신축하면서 발행한 지방채 잔여 채무액 2억 5,000만 원을 상환하였다"는 공식 발표를 한다. 요지는 재정자립도가 10%도 넘지 못하는 완도군이 적극적인 민자 유치와 정부 공모사업 등을 통한 국비 확보, 세수 확보 총력, 경비 절감 등을 통해 부채 없는 자방자치단체를 만들었다는 것이다. 하지만 이것은 사실과 좀 동떨어진 이야기이다. 완도군은 BTO·BTL 방식의 사업을 추진하여 향후 갚아야 할 금액이 엄청나지만 지방채를 발행하지 않았기 때문에 부채로 인식되지 않은 것이다.

완도군은 국비 63억 원과 군비(지방비) 91억 원을 더한 총 154억 원을 투자해 BTO 방식으로 건립한 완도군자원관리센터의 운영 법인에 생활폐기물 처리비용으로 연간 43억여 원, 15년간 총 645억여 원을 지불해야 한다. 이 법인은 총 138억 원을 투자해 2012년 4월 말 준공하였다. 아울러 BTL 방식으로 건립하여 2010년 문을 연 문화예술의 전당은 민간사업자에게 시설임대료 명목으로 분기별 3억 8,400만 원, 20년간 총 307억 2,000여만 원을 지불해야 하고, 별도로 연간 3억 4,000여만 원, 총 68억여 원의 운영비를 지불해야 한다(민기, 2012). 함축하면, 완도군이 지불해야 할 잠재적 부채는 총 952억 원이 넘는다는 이야기다.

부채 제로는 거짓말

부채 제로 주장의 주된 배경은 민간투자사업으로 인한 부채는 인식되지 않기 때문이다. 또한 BTL 방식을 선호하는 이유는, 지방정부가 지방채를 발행할 경우 중앙정부는 물론 지방의회의 엄격한 통제를 받아야 하지만 민간투자사업 방식을 활용하면 쉽게 사업을 진척시킬 수 있을 뿐만 아니라 득표 극대화(즉, 선거에서 재선)에 영향을 미치기 때문에 이를 활용할 소지는 더욱 커진다. 긴 안목을 갖고 보면 엄청난 부채가 누적되지만, 단체장 재임 기간에는 치적도 쌓을 수 있고, '부채 제로 달성' 지방정부라는 허황한 매스컴은 주민의 재정 착각을 불러일으키는 원인이 되고 있다. 이는 비단 완도군의 이야기만이 아니라 대부분 지방정부들의 공통된 현상이라는 점에서 대책이 필요한 시점이다. 민자투자사업이 능사가 아님을 인식해야 할 것이다. 명확한 부채 인식이 없는 가운데 지방채무는 지속해서 증가해 왔음에도 자치단체장 등 선출직 공무원은 득표 극대화를 위해 선거에 부정적 영향을 주는 재정공시를 회피할 개연성이 크다.

최근 지방정부들은 해당 지방정부의 부채를 축소하는 방편으로 산하 공기업을 활용하였다. 중앙정부의 경우에도 이와 동일한데, 4대강 사업을 수행하면서 한국수자원공사를 활용한 것이다. 결국 공기업으로 부채가 전가된 것이다. 지방정부들은 지방채발행한도제가 시행되고 있음에도 지속적으로 지방채를 초과 발행하고 있다. 설령 지방채 발행 한도액에 의해 공약사업 추진이 제한되면 부채 증가 회피 수단으로 민간투자사업을 활용할 개연성이 크다. 따라서 실시협약 단계에서 지방의회의 의결을 강화할 필요가 있으며, 국고보조로 추진되는 민자투자사업이라 할지라도 부채 증가의 경로를 철저히 규명할 필요가 있다(Jeong, 2018).

재정사업(정부예산) 방식이 훨씬 효율적

임대형 민간투자사업의 임대료 적정성 논란은 문제 중 하나이다. 재정사업 방식에 비해 민자투자사업(BTL)이 효율적이지 않다는 것이다. 예를 들어, 제주도 문화센터의 임대료는 매 분기당 3억 3,700만 원이며, 운영비는 연평균 4억 4,400만 원씩 20년간 지급된다. 이는 지방채 1조 5,271억 원을 연 6.28%의 이자로 빌려 재정사업을 하는 것과 동일한 규모이다(민기, 2012, p. 75). 6.28% 금리의 적정성 여부를 검증하기 위해 2010년 기준 지방채 원금 7,427억 3,600만 원과 비교한 결과, 지방채 평균이자율 4.36%에 비해 1.92% 더 많은 금융비용이 지급되고 있음을 알 수 있다. 이는 향후 저금리 등의 금융 여건을 고려한다면 더욱 많은 차이를 보일 것이다. 따라서 적정한 임대료 책정은 또 하나의 과제이다.

한편, 기획재정부는 BTO, BTL 사업까지 포함하여 국가 및 지방정부의 세출예산 순계의 2%에서 관리하는 것을 원칙으로 하고 있다고 하나 이에 대한 세부적인 자료를 공개하지 않고 있다. 시설 준공 후 20년간 재정부담이 발생하는 BTL 사업의 경우 정부지급금이 어느 수준에서 관리되어야 하는지 논의가 필요하다(국회예산정책처, 2012).

1995년 이후 수익형 민자사업을 시작으로 2005년부터 다양한 임대형 민자사업을 추진하고 있는데, 이것이 바로 지방재정을 멍들게 하고 있다. 약 10년 전 광주광역시가 민간투자사업자를 상대로 행정소송에서 승소하여 세간의 이목이 집중되고 있다. 민간투자사업은 민간투자금(임대료와 운영비 등)을 정부지급금으로 보전하고 있다고 보아도 무방하다. 다시 말해, 정부의 재정 부담으로 용지보상비, 건설보조금, 최소운영수입보장(MRG, 현재는 SCS)이 되고 있어 재정사업으로 사업을 추진할 때와 비교하면 엄청난 차이가 난다. 이는 곧 부채로 이어진다는 점을 상기할 필요가 있다.

과감한 인수 또는 재협상 고려

기존 실시협약 과정부터 기타 계약이행 위반 등을 포함하여 경영상의 부실이 발견되거나 애초의 통행량을 지나치게 부풀려 지나치게 재정 부담으로 작용한다면, 민자투자사업을 '인수'하거나 '재협상'을 할 때 심각히 고려해야 한다(예, 서울시 9호선, 거가대교 등). 궁극적으로는 민간투자사업이 능사가 아니라는 점을 인식할 필요가 있다.

여기서 잠깐

민간투자사업의 주요 이슈와 전망

민간투자사업은 정부가 주도하던 사회기반시설의 건설과 운영을 민간이 맡아 진행하는 방식으로, 정부 재정 부담을 줄이면서도 효율성을 높이는 것을 목표로 한다. 국내에서는 1994년 「사회간접자본시설에 대한 민간자본 유치

촉진법」이 제정되면서 본격적으로 추진되었으며, 이후 「사회기반시설에 대한 민간투자법」으로 개정되면서 법적 기반이 더욱 확립되었다. 현재 민간투자사업의 적용 범위는 도로, 철도, 항만, 학교 등 전통적인 사회기반시설뿐만 아니라, 복합문화시설, 과학관, 생활안전설비(CCTV) 등 새로운 분야로 확대되고 있다.

정부와 지방자치단체의 재정 여력이 부족한 상황에서도 인프라 투자는 필수적이기 때문에, 앞으로도 민간투자사업의 중요성은 더욱 커질 것으로 예상된다. 특히, 정부가 복지 예산 증가로 인해 SOC 예산을 줄여 가면서, 민간의 참여를 더욱 적극적으로 유도하는 방향으로 정책이 변화하고 있다. 이에 따라 민간투자사업의 구조와 운영 방식에도 변화가 나타나고 있다.

민간투자사업의 대표적인 방식으로는 BTO와 BTL이 있다. BTO 방식은 민간이 시설을 건설한 후 정부에 소유권을 넘기고 일정 기간 운영하며 운영 수익으로 투자비를 회수하는 방식이다. 반면 BTL 방식은 민간이 건설한 후 정부가 시설을 임대하여 일정한 임대료를 지급하는 구조로, 운영 수익 창출이 어려운 시설에 적용된다. 최근에는 사업 위험을 줄이기 위해 BTO-a, BTO-rs 같은 변형된 방식이 도입되었으며, 정부와 민간이 손익을 공유하는 형태의 사업 구조가 점점 늘어나고 있다.

민간투자사업의 시장은 지속적으로 확대될 전망이다. 정부는 노후 인프라 개선과 필수 시설 확보를 위해 민자사업을 더욱 적극적으로 활용하려는 기조를 보이고 있으며, 이에 따라 신규 사업 영역이 확장되고 있다. 과거에는 정부가 주도하고 민간이 참여하는 구조였다면, 최근에는 민간이 직접 사업을 기획하고 추진하는 방식이 늘어나고 있다. 금융기관의 역할도 커지고 있다. 과거에는 건설사가 주도하고 은행이 단순히 금융 조달 역할만 맡았으나, 최근에는 은행이 사업 전반을 관할하거나 지분을 직접 인수하는 방식이 늘어나면서 금융권의 영향력이 강화되고 있다.

하지만 최근 금리 인상과 건설비 급등으로 인해 민간투자사업의 수익성이 악화되고 있다. 금리가 높아지면서 민간 투자자들의 투자 매력도가 감소하였고, 건설비 상승으로 인해 기존 사업들의 수익성이 저하되는 문제가 발생하고 있다. 또한 보험사들이 민간투자사업에서 철수하는 경향을 보이면서 대규모 프로젝트의 자금 조달에도 어려움이 예상된다.

정부는 민간투자사업을 활성화하기 위해 연평균 투자 규모를 기존 5조 원에서 7조 원 이상으로 확대할 계획을 세우고 있으며, 이를 위해 대상시설을 다양화하고 민자사업의 관리 체계를 개편하고 있다. 기존의 도로, 철도뿐만 아니라 수소충전소, 데이터센터 같은 첨단산업 기반시설과 국립대시설, 공공청사 같은 공공시설에도 민간투자를 활용하려는 움직임이 나타나고 있다.

앞으로 민간투자사업은 정부 재정의 한계를 보완하는 핵심 수단이 될 것으로 보인다. 하지만 금리 상승과 건설비 증가로 인해 기존 모델의 한계가 드러나고 있는 만큼, 정부와 민간이 변화하는 경제 환경에 맞춘 대응 전략을 마련해야 한다. 이를 위해 민간투자사업의 수익성을 확보할 수 있는 새로운 투자 모델이 필요하며, 민관 협력을 강화하는 방향으로 제도를 개선할 필요가 있다.

제3부 | 어떻게 할 것인가?

제10장 연성예산 제약 탈피형 재정분권

제11장 지방자치와 교육자치

제12장 부단체장 임명 권한은 지방정부에게 돌려주어야

제13장 새 포도주는 새 부대에

제14장 포괄적 부채 관리 (지방정부 부채 관리를 넘어)

제15장 시스템 망국에서 탈피

3

10

연성예산 제약 탈피형 재정분권

1. 연성예산 제약과 재정분권은 반비례
2. 재정분권에 관한 혼돈(또는 오해)
3. 재정분권의 방향성

1. 연성예산 제약과 재정분권은 반비례

재정분권의 방향성이 명확하지 않다

우리나라는 김대중 정부부터 윤석열 정부(지방시대위원회)에 걸쳐 재정분권을 추진하였지만, 그 가시적 성과는 나타나지 않고 있다. 정부는 국고보조금과 지방교부세를 오히려 확대하고 있어 중앙집권을 강화하는 형국이다. 이는 정부의 재정분권의 개념 및 목표(인식)가 불분명하고, 그 방향성마저 분명하지 않기 때문이다. 재정분권을 국정 과제로 추진하였던 노무현 정부의 정책을 계승해 '연방에 버금가는 재정분권'을 주장한 문재인 정부의 재정분권은 수사어에 불과하였고 그 방향성마저 명확하지 않았다. 단순 재정 확충(예, 지방소비세 인상)은 재정분권이 아니다. 과거 중앙집권(예, 군부독재)을 경험한 국민들이 집권은 무조건 나쁜 것이라는 인식(경로의존성)을 갖게 되었다. 과거 독재 집권의 폐해가 재정에 그대로 투사되었기 때문이다. 은연중에 재정분권은 마치 절대적 선으로 인식(이분법적 사고)되고 있는데 이는 바람직하지 않다. 그 결과 과거부터 지금까지 줄곧 국세와 지방세의 비중을 6 대 4로 늘려야 한다는 허무맹랑한 주장을 반복하고 있는 것이다. 그 주장의 핵심은 지방세 20%(국세 대비 지방세의 비중 2할)는 적정 재정분권이 아니기 때문에 지방세 확충이 필요하다는 논거이다. '재정분권이 절대적 선인가? 적정 재정분권은 과연 존재하는가? 재정 확충이 재정분권인가?'에 관해 근본적인 질문을 던져보아야 한다. 책임성과 자율성이 없는 지방정부가 과연 재정분권을 논하는 것이 타당한지? 그에 대한 답을 해야 한다. 재정분권의 핵심은 지방정부의 책임성과 자율성을 담보하는 것이 무엇보다 중요하다. 연성제약 탈피형 재정분권이 답이다. 그렇다면 재정자립도에 기초하여 재정분권의 방향을 명확히 할 필요가 있다. 우선, 재정자립도가 80% 이상인 지방정부(교부세 불교부 단체)는 온전한 재정분권을 추진하되(모든 정책결정 과정에서 자율성을 의미), 다만 재정자립도 30% 이하인 지방정부의 자치 권한은 폐지(중앙정부로 회귀, 세출예산 규제)되어야 한다. 이것이 바로 연성제약에서 탈피한 재정분권 대안이다.

단순 국세·지방세 비교로 재정분권 파악은 위험

국세와 지방세 비중을 단순 비교하여 재정분권 정도를 판단하게 되면 치명적인 오류를 범할 수 있다. 왜냐하면 개별 국가의 정치·경제·사회·문화가 서로 다르기 때문이다. 중앙집권의 폐해가 재정분권의 인식에 가장 큰 악영향을 미쳤다. 그래서 분권은 좋은 것(절대적 선), 집권은 나쁜 것(절대적 악)이라는 항등식이 생겨났다. 역사적으로 우리나라는 제헌 헌법 이래 잠시 지방자치(분권)를 채택하였지만, 쿠데타로 집권한 박정희 정부 시작과 동시에 지방자치가 폐지되고 말았다. 이후 외형적으로는 1991년부터 다시 지방자치가 부활되었지만, 지방분권(재정분권) 국가인지는 의문이다. 왜냐하면 과거 중앙집권 구조와 지금이 별반 다르지 않기 때문이다. 실제 지방자치 부활 이후 약 30년이 지난 지금 지방정부는 과거에 비해 정치·행정 및 재정이 중앙정부에 오히려 더 예속되고 말았다.

2. 재정분권에 관한 혼돈(또는 오해)

집권이 나쁜가?

집권이 꼭 나쁜 것인지, 아니면 반대로 분권이 꼭 좋은 것인지는 이견이 있다. 예컨대, 정치·행정과 재정은 둘 다 집권적일 수도 분권적일 수도 있다. 또한 정치·행정은 분권적이더라도 재정은 집권적일 수도 있다. 유럽연합 국가는 정치는 독립성을 유지하지만 재정은 화폐 통합 등 강력한 집권체제이다. 분권은 국가마다 측정하는 방식이 다양하고, 다원적으로 정의될 수밖에 없다. 따라서 '분권'과 '집권'은 그 국가의 역할을 암시할 뿐 절대적 선을 의미하는 것이 아니다. 최근까지 지방자치학자들에 의해 주장된 '2할 자치'(수사어)는 오히려 재정분권 인식에 혼동만 초래한 듯하다.

재정 확충과 균형발전이 재정분권?

재정분권을 국정 과제로 추진하였던 노무현 정부의 정책을 계승하겠다던 문재인 정부는 재정분권을 강화하는 과정에서 그 개념마저 명확하지 않았다. 결국은 무위로 돌아갔다. 재정분권의 목표와 수단, 지향점이 분명하지 않아 발생한 결과이다. 즉, 재정분권의 목표와 수단이 일관적이고 명확하지 않으면 정책의 혼선을 야기하게 된다. 이는 결국 재정분권의 정확한 의미에 대한 합의를 어렵게 만들고, 목표와 수단이 상충되고 만다. 그 대표적인 사례가 '재정분권인가'와 '균형발전인가'에 대한 논쟁일 것이다. 재정분권과 균형발전은 엄연히 다르다. 하지만 명확한 합의 없이 재정분권을 추진하는 과정에서 재정 확충(지방소비세 인상, 11%→15%→

21%→25.3%, 지방소비세는 광역 지방정부 세수이기 때문에 기초 지방정부는 더 취약해진다는 의견도 있음)이 마치 재정분권(기이하고 어처구니 없는 1단계·2단계 재정분권 완성이라는 용어를 활용)으로 인식되고, 균형발전을 재정분권으로 착각하게 된 것이다.

원론적으로 재정분권의 의미 해석이 상충되고 있다. 즉, 정치권, 지방정부, 학자(지방자치학자, 법학자, 경제학자 등)들이 재정분권의 의미를 이해관계에 맞추어 나름대로 해석하고 있다. 정치권(국회의원 등)과 지방정부(단체장 포함)는 재정 확충이 재정분권이라는 인식이 강하게 자리하고 있다. 이들은 선거에서 이겨야 하기 때문에 득표 극대화를 목적으로 해당 지역에 더 많은 국고보조금 획득을 위해 노력하게 된다. 과거 노무현 정부를 회상해 보면, 재정력이 높은 지방정부는 국세의 지방이양을 재정분권으로 인식한 반면, 재정력이 취약한 지방정부는 중앙정부의 재정 지원 강화(예, 재정 확충)를 재정분권으로 인식하였다. 지방정부의 지방세수 확충과 무관하게 중앙정부의 재정 지원 강화가 재정분권으로 인식되기도 하였고, 분권 강화와 중앙정부의 재정 지원 강화를 동시에 주장하는 역설적인 현상도 발생하였다.

학제 간 연계논의 필요

한편, 학자들마다 서로 관점이 다르다. 지방자치학자(법학자 포함)의 견해는 지방자치권 강화를 주장하면서 재정은 추후의 문제로 치부하면서 지나치게 이상적인 재정분권을 지향하고 있다. 이는 재정분권보다는 재정 확충에 초점을 둔 근본 이유이다. 또한 경제학자의 견해는 적정 재정분권(예, 세입분권, 세출분권)을 정량화된 수치로 제시하려고 한다. 하지만 이러한 접근에 의미를 부여할 수 없다. 왜냐하면 개별 국가의 경로의존성에 기초해 볼 때 적정 재정분권이란 존재할 수 없기 때문이다. 재정분권을 논의할 때 학제적(inter-disciplinary) 연계를 고려할 필요가 있다. 그렇지 않으면 재정분권은 현실과 괴리된 독트린에 불과하다. 우리나라는 지방세 비중 증가의 필요성을 역설하면서 '2할 자치'(국세와 지방세의 비중, 8 : 2)라는 수사어를 흔히 사용한다. 우스갯소리로, 2할 자치란 수사어는 무언가 2% 부족한 듯하며, 이에 관한 논거가 뒷받침되어야 한다. 그렇다면 현시점에서 추론 가능한 것은 재정 확충 또는 국세의 지방이양을 추진하여 현 정부가 목표로 하는 4할 자치가 된다고 가정하면 재정분권이 완성되는지 반문해 볼 필요가 있다. 그 답은 '아니오' 이다. 안정적 재정분권을 추진하고 있는 영국은 국세와 지방세의 비중이 94 : 6으로 '0.6할 자치'이다. 그러면 집권 국가인가? 그 답은 '아니올시다' 이다.

책임성은 없고 자율성만 강조해서야…

또 하나의 명제는 자율성만 강조하는 것이 재정분권인가? 지방정부의 입장에서는 책임성보다는 자율성을 강조하고 있는 현실이다. 즉, 지방정부로 재정 확충만 더 해주면 될 것이지 그다음은 지방정부가 맘대로 사용할 테니 신경 쓰지 말아 달라는 것이다. 책임성과 자율성이 담보되지 않은 재정분권은 무용지물이 되고 만다. 재정분권의 방향이 정치적 수사어(4할 자치)로 단순화될 경우, 정치·행정 분권의 관점에서 제안된 재정 정책이 경제성장(효율성)은 물론 균형발전(형평성)에 미치는 영향을 분석하지 않게 된다. 특히, 재정분권의 다원적 성격이 제대로 이해되지 않을 경우, 단순논리에 입각한 재정분권은 긍정적이기보다 부정적일 가능성이 높고, 재정분권의 진정한 의미가 퇴색될 가능성이 높다.

재정연방주의

재정연방주의 이론을 정립한 오츠(Oates)에 따르면, 재정연방주의는 서로 다른 수준의 정부가 각각 나름대로의 재정 정책을 펼치고, 이러한 재정 정책이 상호 연관되어 있는 경제체제라 정의한다. 또한 연방국가가 아니더라도 대다수의 국가들이 지방세와 지방세출을 일정 수준 독립적으로 결정하기 때문에 재정연방주의를 채택하고 있다고 본다. 재정연방주의를 정치경제학적 관점에서 연구한 웨인개스트(B. R. Weingast)는, 연방주의가 경제적 비효율성으로 이어지는 경우가 많기 때문에 '시장 기능을 유지하는 연방주의'를 강조하고 있다. 재정연방주의는 상위정부와 하위정부의 세입·세출 책임이 분명하게 배분, 지방정부의 지역경제에 대한 분명한 권한, 국가 내에서는 지역 간 장벽 없는 시장 형성, 경성예산 제약 조건 성립, 권한 배분 제도화를 강조한다.[1]

이러한 요소를 우리나라의 상황에 접목시켜 보면 불분명한 세입·세출 책임, 연성예산 제약, 불분명한 권한 배분의 제도화가 가장 문제로 작용한다. 예컨대, 과거 중앙정부 업무를 지방정부에 위임하여 수행하는 방식을 유지하고 있고, 지방재정의 운영 또한 크게 다르지 않다.

---

1 재정연방주의에 관한 심도 있는 논의는 우명동(2019)을 참고하라.

한편, '적정(optimal) 재정연방주의'는 정부 간 재정 정책의 권한 배분을 통하여 국민들의 후생을 극대화하는 규범적인 정책을 의미한다. 적정 재정연방주의는 정부 간 과세 권한의 배분, 정부 간 세출 권한의 배분, 그리고 정부 간 이전재원 등을 고려해야 한다. 즉, 재정연방주의는 중앙과 지방재정의 역학 관계가 존재하기 때문에 분석 대상이 광범위하고, 효율성보다는 지역 간 형평성에 대한 고려가 중요하다.

국가마다 적정 재정분권 규모는 정치·사회적 환경에 기인되기 때문에 다를 수밖에 없다. 전통적으로 분권을 추구하였던 국가와 집권을 추구하였던 국가는 그 출발점이 다르다. 따라서 재정분권 또한 달리 접근해야 한다. 4할 자치가 되면 재정분권이 완성되는 것인가? 전혀 그렇지 않다. 4할 자치가 되면 무엇이 바뀌나? 현재의 지방정부의 구조라면 바뀔 것이 전혀 없다.

〈그림 10-1〉은 OECD 국가들의 분권 수준을 좌표로 표시한 것이며, 가로축에 세출분권(일반정부 세출 대비 지방정부 세출 비중)과 세로축에 세입분권(일반정부 세입 대비 지방정부 세입 비중)을 표시하고 있다. 각 국가별 원형 점은 분권화 수준(비율)을 나타낸다. 우리나라의 세입분권 수준은 17.58%이며, 세출분권 수준은 41.28%이다. 세입분권은 OECD 국가 평균(19.03%)에 비해 낮지만 세출분권은 OECD 국가 평균(30.07%)보다 상당히 높다. 세출분권 지표로만 보면 재정분권 국가임에 틀림없다. 하지만 세출예산의 약 70~80%가 중앙정부로부터의 이전재원으로 구성되기 때문에 외형만 보고 재정분권 수준으로 해석해서는 안된다. 다시 말해, 한국은 세입분권도 세출분권도 아닌 집권이라고 보는 것이 더 타당하다.

그림 10-1 OECD 국가 재정분권 수준

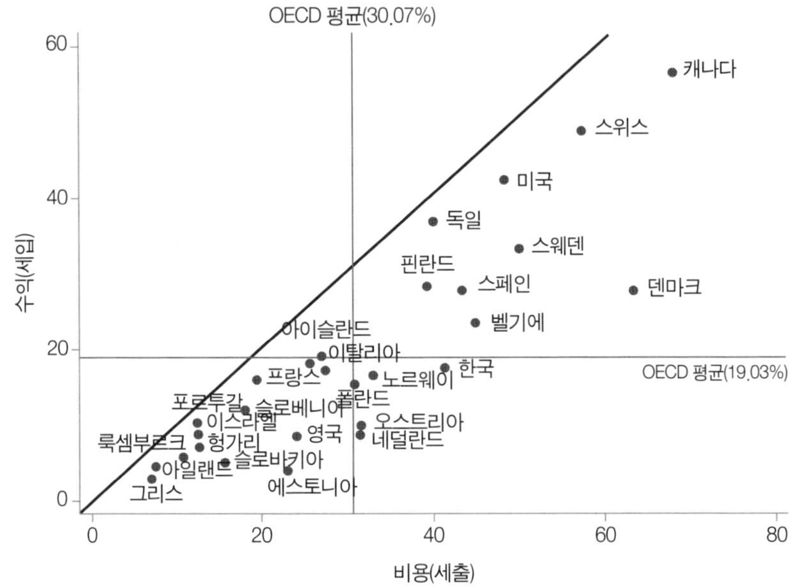

주: 45도 지향선에 가까울수록 분권 정도가 좋음.
자료: OECD 자료 활용 저자 작성.

이렇듯 적정 재정분권 수준을 논의할 때 일본, 독일, 미국 등의 지방세 비중, 지방세출 비중을 단순하게 인용하거나 비교할 경우 명백한 오류를 범할 가능성이 크다. 정부 재정자료는 개별 국가의 헌법 및 법률, 정치·행정의 구조, 역사적 요인 등 제반 요소를 고려하여 재해석해야만 의미 있는 비교분석이 가능하다. 개별 국가의 재정자료가 사례연구를 위한 최소한의 활용으로는 무리가 없지만 정책결정에 활용될 때 정책적 오류로 연결될 가능성이 매우 크다는 것을 염두에 두어야 한다.

재정 확충은 재정분권이 아니다. 현재 재정분권 흐름은 재정 확충에서조금도 벗어나지 못하다고 있다. 재정 확충을 위해 지방소비세를 11%에서 15%, 21%로 인상한 것이 바로 그 예이다. 그럼에도 불구하고 행정안전부(지방재정 총괄부처)는 지방소비세 인상으로 재정분권 1단계가 완성되었다고 주장한다. 이미 설명한 바와 같이 2023년 기준, 재정자립도가 30% 이하인 지방정부가 203개인 점을 감안해 보면, 지방정부 입장에서는 재정 확충이 재정분권이라 주장하는 것도 무리는 아니다. 그러나 재정 확충은 진정한 의미의 재정분권과는 아주 거리가 멀다는 사실을 인식해야 한다. 가장 큰 문제는 지방자치 시대 이전(1995년)과 크게 다르지 않으며, 중앙정부의 사무를 지방정부에 위임하여 수행하는 방식을 유지하고 있다. 정치적으로도 중앙당의 하부조직으로 운영되고 있으며, 재정은 중앙정부의 이전재원으로 운영하고 있어 과거에 비해 오히려 더욱 예속되고 말았다. 즉, 현재에도 재정분권에 관해 수사어적 주장만 난무할 뿐 진정한 의미에서 재정분권은 논의조차 되지 않고 있다(Jeong, 2018).

3. 재정분권의 방향성

자율성과 책임성에 기초한 재정분권

근본적으로 재정분권은 자율성과 책임성을 근간으로 한다. 지방정부의 약 84%(243개 중 203개)가 재정자립도 30% 이하이기 때문에 자율성을 담보하기 힘들다. 결국 중앙정부의 재원을 적어도 70~80%를 지원받아 지방정부를 운영하다 보니 중앙정부에 예속될 수밖에 없는 구조가 된다. 그러니 당연히 책임성도 담보하기 힘들다. 재정자립도가 80% 이상인 지방정부(교부세 불교부 단체)의 온전한 재정분권을 지향해야 한다. 일본의 경우 2003년 세 가지 재정 개혁을 동시에 추진하였다. 국고보조금을 줄이면 국세수입이 증가되는 만큼 지방세로 재원을 이양하였고, 지방교부세 총액을 제한하였으며, 국세인 소득세를 지방세 주민세(개인분)로 대체하였다. 그 결과 지방세의 비중이 크게 상승하였다. 한국은 이에 관해 눈여겨 볼만하다. 즉, 한국의 경우 국고보조금의 전면 개혁(폐지 가능한 국고보조사업 위주)이 필요하고, 안정적인 국세(부가가치세, 소득세)를 경기에 민감한 지방세(취득세 등의 재산세)로 대체할 필요가 있다. 이러한 조치는 세원이양을 의미한다. 부가가치세를 조금 늘린다고 해서 재정분권이 완성되는 것이 아니다(문재인 정부의 명분없는 정책). 엄밀히 말하면 이는 단순한 재정 확충에 불과하다. 지방세 비중의 점진적 조정은 시범적(pilot test)으로 실행해 볼 필요가 있다. 왜냐하면 지방세 비중의 증가에도 불구하고 여전히 수직적 재정분권은 물론 수평적 재정분권이 같이 고려되어야 하기 때문이다. 다만, 지방세로 세원이양의 당위성을 전제로 지방정부의 자율성과 책임성을 담보해야 한다.

재정 규모별 재정분권을 시범 적용해 볼 필요

재정자립도가 80%가 넘는 지방정부(교부세 불교부 단체)는 중앙정부의 이전재원이 아닌 자체 세수로 세입을 늘려야 하고, 자율성과 책임성이 전제된 세출이 필요하다(세입분권과 세출분권). 반면, 재정자립도가 30% 이하인 지방정부는 재정 확충을 지향하되 자치 권한을 폐지하는 것을 고려할 필요가 있다. 이 부류의 지방정부들은 사실상 세입을 늘릴 수 없다. 따라서 세출의 대부분이 중앙정부로부터 이전되기 때문에 불합리한 지출을 규제해야 한다(세출분권 제한). 특히, 지방정부가 예산 편성 시 지출승인(예, 미국의 지출승인법)을 통해 불필요한 지출을 체계적으로 모니터링해야 한다. 예컨대, 지방정부의 장이 재선을 위해 추진하는 대규모 건설사업(일종의 치적 쌓기)을 막아야 한다. 재정자립도가 30% 이하인 지방정부는 세수가 제한적이기는 하지만 자체 세수(세입)를 늘려나가되, 규제를 통한 세출의 책임성을 담보해야 한다(세입분권, 세출분권 권한 폐지).

시계태엽(재정분권)을 다시 돌려야 할 때…

재정분권은 선 또는 악(이분법)으로 인식되어서는 안되고, '2할 자치'라는 정치적 수사어를 활용해서도 안된다. 또한 재정 확충과 균형발전이 재정분권으로 왜곡되어서는 안된다. 재정 확충, 균형발전 및 재정분권은 각기 다른 개념이기 때문이다. 또한 매번 정부가 바뀔 때 마다(대통령 후보 공약) 재정분권을 외쳤지만 변화된 것은 거의 없다. 재정분권은 주장에 그쳐서는 안되고 실질을 추구해야 한다. 현재에도 재정분권은 주장만 난무할 뿐 멈춰진 태엽시계(1991년 지방자치 부활 시점)에 불과하다. 이제 그 시계태엽을 다시 돌려야 할 때이다. 그 방향성은 자율성과 책임성 구현이며 대안은 연성예산 제약 탈피형 재정분권이다. 자율성과 책임성 강화는 지속 가능한 재정의 출발점이자 궁극적 목표가 되어야 한다.

11

지방자치와 교육자치

1. 지방자치와 교육자치의 헌법적 의의
2. 지방자치와 교육자치의 운영 문제
3. 통합적 접근과 협력 강화
4. 헌법상 교육제도와 지방자치 관련 규정의 변천사
5. 헌법재판소와 대법원 사례로 본 시사점

지방자치와 교육자치는 대한민국 사회에서 주민들의 삶과 직결되는 중요한 제도이다. 지방자치는 각 지역의 특성과 주민의 요구를 반영해 지역사회 발전과 복지를 실현하는 데 핵심 역할을 한다. 예컨대, 지방자치는 도로, 공원 같은 사회기반시설을 개발하고, 지역 주민을 위한 맞춤형 복지 정책을 시행한다면, 교육자치는 교육청을 중심으로 학생들에게 양질의 교육을 제공하고, 지역 특성에 맞는 교육 환경을 조성하는 것이다. 그러나 두 제도가 분리되어 운영되면서 정책과 재정의 중복, 행정 비효율성이 발생하고 있다. 학령인구 감소와 교육재정의 과잉 문제는 이러한 구조적 한계를 더욱 부각시키고 있다. 지방자치와 교육자치를 통합적 관점에서 재구성하고 개선할 필요성이 제기된다.

1. 지방자치와 교육자치의 헌법적 의의

지방자치의 헌법적 기반

지방자치는 대한민국 헌법 제117조와 제118조에 의해 보장된다. 지방정부는 법령의 범위 내에서 자율적으로 사무를 처리하고 재정을 관리할 권한을 가지며, 이는 주민자치와 지역발전을 촉진하는 제도적 장치로 작동한다. 지방자치는 주민의 정치적 참여를 활성화하고, 지역 특수성을 반영한 정책 결정과 실행을 하는 것이다. 하지만 현실은 중앙정부에 대한 높은 재정 의존도가 지방자치의 자율성을 약화시키고 있다. 지방정부가 자체 수입을 확대하지 못하면서 중앙정부 지원에 의존하는 구조가 지속되고 있어 자치단체의 책임성과 자율성 간 균형이 흔들리고 있다.

교육자치의 헌법적 기반?

교육자치는 헌법 제31조 제6항에 의해 보장되며, 교육의 자율성과 독립성을 통해 학생들에게 양질의 교육을 제공하는 데 목적을 둔다. 교육자치는 각 지역의 교육청을 중심으로 운영되고, 지역 특성에 맞춘 교육을 통해 교육의 다양성과 질을 높이는 역할을 한다. 그러나 학령인구 감소로 인해 교육재정이 비효율적으로 운영되는 문제가 있다. 교육 분야 예산은 지속적으로 증가하고 있으나, 실제로 필요한 분야에 적절히 활용되지 못하고 있다는 지적이 많다. 이는 지방자치와 교육자치 간 재정 통합의 필요성을 더욱 부각시키는 요소이다.

2. 지방자치와 교육자치의 운영 문제

재정 분리로 인한 비효율성

지방자치와 교육자치는 각각 독립된 재정 구조로 운영되고 있다. 지방정부는 주민 복지와 지역개발에 필요한 재원을 확보하기 어려운 반면, 지방 교육청은 학령인구 감소에도 불구하고 고정된 비율(내국세의 20.79%)로 지방교육재정교부금이 배분되어 재정 확보에 큰 어려움이 없다. 이러한 불균형은 재원의 비효율적 분배를 초래하고 있다. 예를 들어, 한 지역에서 청소년 복지시설을 운영하려고 할 때 지방정부와 교육청이 각각 예산을 책정하지만, 협력이 이루어지지 않아 자원이 낭비되는 사례가 빈번하다. 이는 지방자치와 교육자치가 분리 운영되는 구조적 문제에서 비롯된다.

책임성 부족과 행정 비효율

지방자치와 교육자치 모두 자율성을 강조하고 있으나, 책임성 있는 운영 체계를 구축하는 데 한계를 보이고 있다. 중앙정부에 대한 높은 의존도는 지방정부와 지방 교육청이 자체적으로 문제를 해결하려는 동기를 약화시키고 있다. 또한 두 제도 간 협력 부족은 정책 수립 및 집행 과정에서 주민의 요구를 반영하지 못하는 결과를 초래한다.

3. 통합적 접근과 협력 강화

지방재정과 교육재정의 통합 운영

지방자치와 교육자치의 재정을 통합적으로 운영해야 한다. 이를 통해 중복 지출을 줄이고 자원을 효율적으로 활용할 수 있다. 예를 들어, 학령인구 감소로 인해 남아도는 교육재정을 지역 복지사업이나 사회기반시설 확충에 활용할 수 있도록 법적 기반을 마련해야 한다. 지방교육재정교부금의 고정 비율 규정을 유연화하고, 주기적으로 재정 배분 구조를 재검토하는 체계를 도입해야 한다. 이를 통해 지역별 특성과 필요에 맞는 자원 배분이 가능해질 것이다.

여기서 잠깐

매년 교부되는 지방교육재정교부금 규모는 내국세의 20.79%로 고정되어 있다. 그런데 매년 학령인구는 감소되고 있어 결국은 그만큼 잉여재원이 생긴다. 이에 「지방교육재정교부금법」을 개정해, 학령인구 감소 등을 반영할 수 있도록 3~5년 단위로 교부금 규모를 재산정하는 정책 대안을 제시하였다(정성호, 2022).

협력적 거버넌스 구축

지방정부와 지방 교육청 간 협력적 거버넌스를 구축해야 한다. 이를 위해 양 기관 간 정기적인 협의체를 구성하고, 지역사회의 발전을 위한 통합적인 정책 과제를 설정해야 한다. 또한 정책 집행 과정에서 각 기관의 역할과 책임을 명확히 하여 협력 체계를 강화할 필요가 있다. 협력적 거버넌스를 통해 지방자치와 교육자치 간 시너지를 극대화할 수 있으며, 주민들에게 실질적인 혜택을 제공할 수 있을 것이다.

법적 제도 정비

「지방자치법」과 「지방교육재정교부금법」을 개정하여 두 제도의 연계를 강화해야 한다. 이를 통해 지방자치와 교육자치가 중복 없이 효율적으로 운영될 수 있도록 법적 기반을 마련해야 한다. 또한 법 개정을 통해 지방정부와 교육청 간의 협력과 책임 분담을 명확히 해야 한다. 지방자치와 교육자치는 주민들의 삶을 풍요롭게 하고 지역의 지속 가능한 발전을 이루는 데 필수적인 제도이다. 그러나 현재의 분리 운영 구조는 재정적 비효율성과 행정적 책임성 부족이라는 한계를 노출하고 있다. 지방재정과 교육재정을 통합하고 협력적 거버넌스를 구축함으로써 두 제도의 시너지를 극대화할 수 있다. 이를 통해 주민들에게 더 나은 서비스를 제공하고, 지역사회와 국가의 지속 가능한 발전에 기여할 수 있을 것이다. 지방자치와 교육자치가 조화롭게 발전하기 위한 노력이 절실히 요구된다.

지방자치와 교육자치: 통합적 접근의 필요성

지방자치와 교육자치는 주민들의 삶을 향상시키고 지역사회의 지속 가능한 발전을 이루는 데 중요한 역할을 한다. 지방자치는 지역 주민의 참여를 통해 지역 특성을 반영한 정책을 실행하고, 지역 경제와 복지를 발전시키는 데 초점을 맞춘다. 교육자치는 지방 교육청을 중심으로 학생들에게 양질의 교육 환경을 제공하며, 지역 특성에 맞는 맞춤형 교육 정책을 실행하는 데 목적이 있다. 하지만 이 두 제도는 현재 분리된 체계로 운영되면서 재정과 행정적 비효율을 야기하고 있다. 지방자치는 헌법 제117조와 제118조에 의해 보장된다. 이를 통해 각 지방자치단체는 자율적으로 지역 문제를 해결할 수 있는 권한을 가지며, 주민 참여를 기반으로 지역사회의 고유한 요구에 맞는 정책을 수립한다. 예를 들어, 지방정부는 도로와 같은 기반시설을 확충하거나 주민 복지 프로그램을 실행하며, 지역 경제를 활성화시키는 역할을 한다. 그러나 이러한 자율성은 중앙정부에 대한 높은 재정 의존도로 인해 제한되고 있다. 많은 지방정부는 자체 재원을 충분히 확보하지 못하고, 중앙정부 지원에 의존하여 운영되는 실정이다.

교육자치는 헌법 제31조 제6항에 따라 보장되며, 지방 교육청을 중심으로 자율적이고 독립적인 교육 정책을 추진할 수 있도록 하고 있다. 이를 통해 지역 특성을 반영한 교육 프로그램을 개발하고, 학생들에게 양질의 교육 기회를 제공한다. 예를 들어, 어떤 지역에서는 문화예술 교육을

여기서 잠깐

시도 지사와 시도 교육감의 러닝메이트제

「지방교육자치에 관한 법률」과 「공직선거법」 개정이 우선되어야 한다. 그간 주로 제도적 관점에서, 그리고 교육당사자의 권한 내지는 권리 관점에서 지방교육자치제도를 연구하였다. 지방교육자치제도의 궁극적 목적 관점에서 논의가 부족해 보인다. 외국의 경우 교육감 제도는 제각각 상이하나, 교육감은 교육위원회에서 임명하거나, 또는 자치단체장과 교육감은 연계되어 임명되거나 선출되고 있다.

미국	주 교육위원회가 교육감 임명(25개 주) 주지사가 교육감 임명(11개 주) 우리나라와 동일한 직선제 (14개 주)
프랑스	30개 교육구의 교육감 전원을 대통령이 임명(의회 동의 절차 불필요)
호주	주지사가 임명
영국	지방의회의 교육위원이 임명
독일	주지사가 주 교육부 장관을 임명하고, 주 교육부 장관은 주 교육청장을 임명
일본	자치단체장이 선임한 교육위원 중에서 의회 동의 얻어 교육감을 임명

위 국가들의 경우를 보면, 지방정부와 교육감의 업무가 유기적으로 연계 운영되도록 하기 위한 취지가 반영된 것으로 보인다.

강화하고, 다른 지역에서는 직업교육을 중점적으로 운영할 수 있다. 하지만 학령인구 감소로 인해 교육재정이 남아돌거나 비효율적으로 사용되는 문제가 발생하고 있다. 지방교육재정교부금은 내국세의 일정 비율로 고정되어 있어 학령인구 감소와 같은 현실적인 변화를 반영하지 못하고 있다.

헌법적 관점에서 교육자치 검토

① 지방교육자치에 관한 헌법재판소 판결

헌법재판소는 지방교육자치제도의 헌법적 근거는 헌법상 보장되고 있는 지방자치제도의 이념과 함께 헌법 제31조 제4항의 "교육의 자주성, 전문성·정치적 중립성 및 대학의 자율성은 법률이 정하는 바에 의하여 보장된다"라는 규정에서 찾을 수 있다.[1] 또한 헌법재판소는 헌법 제31조 제4항은 "교육의 자주성·전문성·정치적 중립성 및 대학의 자율성은 법률이 정하는 바에 의하여 보장된다"라고 규정하고, 헌법 제117조 제1항은 "지방자치단체는 주민의 복리에 관한 사무를 처리하고 재산을 관리하며, 법령의 범위 안에서 자치에 관한 규정을 제정할 수 있다"라고 규정함으로써 제도보장으로서의 교육자치와 지방자치를 규정하고 있다.[2] 요컨대, 헌법재판소는 제도보장으로서의 헌법 제31조 제4항에 근거한 교육자치와 헌법 제117조 제1항에 근거한 지방자치를 합하여 지방교육자치가 보장된

1 헌법재판소 2002. 8. 29. 선고 2002헌마4 결정, 헌법재판소 2008. 6. 26. 선고 2007헌마1175 결정.

2 헌법재판소 2003. 3. 27. 선고 2002헌마573 결정.

다고 판단한 것이다.

그런데 헌법재판소의 이러한 견해는 헌법 그 어디에도 교육자치라는 용어를 명시하고 있는 규정이 없다는 점과 헌법 제117조를 근거로 하는 지방자치와 달리 기본권 규정인 헌법 제31조를 교육자치의 제도보장 근거로 제시하고 있다는 점에서 문제로 지적될 수 있다. 한편, 헌법재판소가 헌법 제31조 제4항의 교육의 자주성·전문성·정치적 중립성을 근거로 교육자치가 보장된다고 보기는 하나, 행정학계와 교육학계의 견해가 다르다. 그 요지는 교육의 자주성이 무엇이냐?, 교육의 전문성이 무엇이냐?, 교육의 정치적 중립성이 무엇이냐? 이다.

② 교육받을 권리인가? 교육자치인가?

헌법재판소가 명시적 규정이 없음에도 지방교육자치제도는 헌법상 인정되는 제도라고 해석하는 것은 지방자치와 지방교육자치제도를 병렬적으로 볼 때, 지방자치는 헌법 제8장에서 제117조 및 제118조로 규정하고 있는 반면, 교육에 관한 사항은 헌법 제2장의 국민의 권리와 의무, 즉 기본권 부분에서 제31조로 다르게 규정하고 있다는 점에서 논리적 이유를 찾기 어렵다.

헌법 제31조를 그대로 해석하면, 제1항의 교육받을 권리라는 기본권을 보장하기 위하여 제2항부터 제6항까지의 제도보장 규정을 둔 것으로 보는 것이 합리적이다. 여기서 보장하려는 제도는 제1항의 교육받을 권리인 것이고, 이를 헌법재판소는 '교육자치'라고 명명하고 있는 것이다. 그러나 여기서의 제도는 의무교육제도, 평생교육제도, 학교제도와 교육재정제도 등이 될 수 있고, 제4항은 오히려 이러한 제도를 위한 이념적 가치로 볼 수 있을 것이다.

기본권의 경우 헌법상 명시되지 않은 기본권이 있다는 것이 통설적 견해이나 헌법재판소가 교육자치의 근거로 제시한 헌법 제31조 제4항은 제1항의 교육받을 권리, 즉 수학권이라는 기본권을 보장하기 위한 제도보장 규정이라는 점이다. 이에 대해 헌법에 명시된 지방자치제도와 달리 명시적 규정이 없어 헌법상 제도가 아니며 헌법 제31조 제6항에 따른 법률 정책의 산물이라는 지적이 있다.[3]

지방교육자치의 헌법적 근거

지방교육자치제도에 관해 헌법상 근거가 있는지 이견이 있다. 긍정설에 따르면, 헌법 제31조 제4항에 따른 '교육의 자주성'을 두고, 학계에서는 지방교육자치는 헌법 제31조 제4항에서 보장하는 제도라는 것이고, 부정설은 헌법 제31조 제4항은 교육의 자유, 자율성을 의미하는 것이지 지방교육자치제도의 근거는 아니라는 것이다. 긍정설을 지지하는 교육학자와 부정설을 지지하는 행정학자의 대립 구도가 반영된 것으로 보이는데, '러닝메이트제'는 행정학자가 선호하는 방식이라 할 수 있다.

3 허종렬(2007).

여기서 잠깐

이중자치론과 3개의 헌법 가치 충족 문제

헌법재판소는 지방교육자치제도의 헌법적 본질에 대해 지방적 자치로서의 속성과 문화적 자치로서의 속성을 갖는 '이중의 자치론'에 기반한다고 보고 있다. 이에 따라 지방교육자치의 민주적 정당성은 불가피하게 제한될 수 있고, 민주주의, 지방자치, 교육자주의 3개 헌법 가치가 골고루 만족되어야 한다고 강조한다.

문제는 '이중의 자치론'은 지나치게 이론적이고, 3개의 헌법 가치를 골고루 만족시키는 제도를 구현한다는 것이 어떤 것인지 알 수 없고, 결국은 광범위한 입법 재량에 맡길 수밖에 없으며, 최종적으로는 매번 소송 과정에서 헌법재판소가 결정하게 된다는 한계가 있다.

헌법 제31조 제4항을 근거로한 제도적 보장

이제 지방교육자치를 헌법 제31조 제4항을 근거로 제도적으로 보장된다고 보는 긍정설에 대한 논의가 필요하다. 제도적 보장은 객관적 제도를 헌법에 규정하여 당해 제도의 본질을 유지하려는 것으로서 헌법제정권자가, 특히 중요하고도 가치가 있다고 인정되고 헌법적으로도 보장할 필요가 있다고 생각하는 국가제도를 헌법에 규정함으로써 장래의 법 발전, 법형성의 방침과 범주를 미리 규율하려는 데 있다. 이러한 제도적 보장은 주관적 권리가 아닌 객관적 법 규범이라는 점에서 기본권과 구별되기는 하지만, 헌법에 의하여 일정한 제도가 보장되면 입법자는 그 제도를 설정하고 유지할 입법 의무를 지게 되는 것이다. 그뿐만 아니라 헌법에 규정되어 있기 때문에 법률로써 이를 폐지할 수 없고, 비록 내용을 제한하더라도 그 본질적 내용을 침해할 수 없다. 그러나 기본권 보장은 '최대한 보장의 원칙'이 적용되는 것에 반해 제도적 보장은 그 본질적 내용을 침해하지 아니하는 범위 안에서 입법자에게 제도의 구체적 내용과 형태의 형성권을 폭넓게 인정한다는 의미에서 '최소한 보장의 원칙'이 적용될 뿐이다.[4]

헌법재판소는 교육자치라는 영역적 자치와 지방자치라는 지역적 가치가 결합된 형태로, 교육자치는 지방교육의 특수성을 살리기 위해 지방자치단체의 수준에서 행하는 것(헌재 2002. 3. 28. 2000헌마283·778병합)이라고 밝히고 있다. 이러한 헌법재판소의 판결은 결국 교육의 자주성, 전문성, 정치적 중립성이 지방교육행정기관의 분리와 독립을 의미한다는 입장으로서 긍정설의 손을 들어준 것으로 해석된다.[5]

지방교육자치제도의 헌법적 본질에 관하여, "국민주권의 원리는 공권력의 구성·행사·통제를 지배하는 우리 통치질서의 기본 원리이므로, 공권력의 일종인 지방자치권과 국가교육권(교육입법권·교육행정권·교육감독권 등)도 이 원리에 따른 국민적 정당성 기반을 갖추어야만 한다. 그런데

4 헌법재판소 1997. 4. 24. 선고 95헌바48 결정 [구지방공무원법 제2조 제3항 제2호 나목등 위헌소원] [헌집9-1, 435].

5 헌법재판소 2002. 3. 28. 선고 2000헌마283·778(병합) 결정 [지방교육자치에 관한 법률 제62조 제1항 위헌확인] [헌집14-1, 211]. 헌법재판소는 헌법 제31조 제4항은 "교육의 자주성·전문성·정치적 중립성 및 대학의 자율성은 법률이 정하는 바에 의하여 보장된다"고 규정하고 있고, 헌법 제117조 제1항은 "지방자치단체는 주민의 복리에 관한 사무를 처리하고 재산을 관리하며, 법령의 범위 안에서 자치에 관한 규정을 제정할 수 있다"고 규정함으로써 제도보장으로서의 교육자치와 지방자치를 규정하고 있다. 지방교육자치는 교육자치라는 영역적 자치와 지방자치라는 지역적 자치가 결합한 형태로서, 교육자치를 지방교육의 특수성을 살리기 위해 지방자치단체의 수준에서 행하는 것을 말한다고 할 것이다. 지방교육자치의 기본 원리로는 주민참여의 원리, 지방분권의 원리, 일반행정으로부터의 독립, 전문적 관리의 원칙 등을 드는 것이 보통이다.

국민주권·민주주의 원리는 그 작용 영역, 즉 공권력의 종류와 내용에 따라 구현방법이 상이할 수 있다. … 지방교육자치도 지방자치권 행사의 일환으로서 보장되는 것이므로, 중앙권력에 대한 지방적 자치로서의 속성을 지니고 있지만, 동시에 그것은 헌법 제31조 제4항이 보장하고 있는 교육의 자주성·전문성·정치적 중립성을 구현하기 위한 것이므로, 정치권력에 대한 문화적 자치로서의 속성도 아울러 지니고 있다. 이러한 '이중의 자치'의 요청으로 말미암아 지방교육자치의 민주적 정당성 요청은 어느 정도 제한이 불가피하게 된다. 지방교육자치는 '민주주의·지방자치·교육자주'라고 하는 세 가지의 헌법적 가치를 골고루 만족시킬 수 있어야만 하는 것이다"라고 판시한 바 있다.[6]

지방교육자치의 헌법적 본질

국민주권 원리는 공권력의 구성·행사·통제를 지배하는 우리 통치질서의 기본 원리이다. 공권력의 일종인 지방자치권과 국가교육권(교육입법권·교육행정권·교육감독권 등)도 이 원리에 따른 국민적 정당성 기반을 갖추어야만 한다.[7] 그런데 국민주권·민주주의 원리는 그 작용영역, 즉 공권력의 종류와 내용에 따라 구현방법이 상이할 수 있다. 국회·대통령과 같은 정치적 권력기관은 헌법 규정에 따라 국민으로부터 직선된다. 그러나 지방자치기관은 그것도 정치적 권력기관이기는 하지만, 중앙·지방 간 권

---

6 헌재 2000. 3. 30. 99헌바113, 판례집 12-1, 359, 368~369.
7 헌재 1999. 11. 25. 99헌바28, 판례집 11-2, 543, 550~551 및 1992. 11. 12. 89헌마88, 판례집 4, 739, 751; 1994. 2. 24. 93헌마192, 판례집 6-1, 173, 177 등.

력의 수직적 분배라고 하는 지방자치제의 권력분립적 속성상, 중앙정치기관의 구성과는 다소 상이한 방법으로 국민주권·민주주의 원리가 구현될 수도 있다.[8]

또한 교육 부문에서의 국민주권·민주주의의 요청도, 문화적 권력이라고 하는 국가교육권의 특수성으로 말미암아, 정치 부문과는 다른 모습으로 구현될 수 있다.[9]

지방교육자치도 지방자치권 행사의 일환

중앙권력에 대한 지방적 자치로서의 속성을 지니고 있지만, 동시에 그것은 헌법 제31조 제4항이 보장하고 있는 교육의 자주성·전문성·정치적 중립성을 구현하기 위한 것이므로, 정치권력에 대한 문화적 자치로서의 속성도 아울러 지니고 있다. 이러한 '이중의 자치'의 요청으로 말미암아 지방교육자치의 민주적 정당성 요청은 어느 정도 제한이 불가피하게 된다.

지방교육자치는 '민주주의·지방자치·교육자주'라고 하는 세 가지의 헌법적 가치를 골고루 만족시킬 수 있어야만 하는 것이다. '민주주의'의 요구를 절대시하여 비정치기관인 교육위원이나 교육감을 정치기관(국회의원·대통령 등)의 선출과 완전히 동일한 방식으로 구성한다거나, '지방자치'의 요구를 절대시하여 자치단체장이나 지방의회가 교육위원·교육감의 선발을 무조건적으로 좌우한다거나, '교육자주'의 요구를 절대시하여 교육·

8 헌재 1999. 11. 25. 99헌바28, 판례집 11-2, 543, 551~552.
9 헌재 1992. 11. 12. 89헌마88, 판례집 4, 739, 762~763.

문화 분야 관계자들만이 전적으로 교육위원·교육감을 결정한다거나 하는 방식은 그 어느 것이나 헌법적으로 허용될 수 없다.[10]

교육의 정치적 중립성과 지방교육자치

국민에게 정치적 책임을 지지 않아도 되는 정당 밖의 정치 세력에 의하여 영향을 받게 되는 상황이 발생한다. 교육의 정치적 중립성에 대한 해석 때문에 정당이 교육감에게 영향력을 행사하는 것을 법률적으로 금지하다 보니 오히려 이념적으로 더 극단적인 정당 외부의 시민단체의 영향력이 더 커지는 결과를 초래하였다. 교육의 정치적 중립성은 학교에 대한 정치권력의 불합리하고 부당한 간섭을 배제하자는 것이며, 정치적 개입 자체를 하지 말자는 것이 아니다.[11]

4. 헌법상 교육제도와 지방자치 관련 규정의 변천사

구분	교육제도	지방자치제도
제헌헌법	제14조 모든 국민은 학문과 예술의 자유를 가진다. 저작자·발명가와 예술가의 권리는 법률로써 보호한다. 제16조 모든 국민은 균등하게 교육을 받을 권리가 있다. 적어도 초등교육은	제96조 지방자치단체는 법령의 범위 내에서 그 자치에 관한 행정사무와 국가가 위임한 행정사무를 처리하며 재산을 관리한다. 지방자치단체는 법령의 범위 내에서 자치에 관한 규정을 제정할 수 있다.

10 헌법재판소 2000. 3. 30. 선고 99헌바113 결정 [지방교육자치에 관한 법률 제53조 등 위헌소원] [헌집12-1, 359].

11 박대권·박현석(2023), p. 60.

구분	교육제도	지방자치제도
제헌헌법	의무적이며 무상으로 한다. 모든 교육기관은 국가의 감독을 받으며 교육제도는 법률로써 정한다.	제97조 지방자치단체의 조직과 운영에 관한 사항은 법률로써 정한다. 지방자치단체에는 각각 의회를 둔다. 지방의회의 조직, 권한과 의원의 선거는 법률로써 정한다.
52년 헌법 1차 개정	제14조 모든 국민은 학문과 예술의 자유를 가진다. 저작자·발명가와 예술가의 권리는 법률로써 보호한다. 제16조 모든 국민은 균등하게 교육을 받을 권리가 있다. 적어도 초등교육은 의무적이며 무상으로 한다. 모든 교육기관은 국가의 감독을 받으며 교육제도는 법률로써 정한다.	제96조 지방자치단체는 법령의 범위 내에서 그 자치에 관한 행정사무와 국가가 위임한 행정사무를 처리하며 재산을 관리한다. 지방자치단체는 법령의 범위 내에서 자치에 관한 규정을 제정할 수 있다. 제97조 지방자치단체의 조직과 운영에 관한 사항은 법률로써 정한다. 지방자치단체에는 각각 의회를 둔다. 지방의회의 조직, 권한과 의원의 선거는 법률로써 정한다.
54년 헌법 2차 개정	제14조 모든 국민은 학문과 예술의 자유를 가진다. 저작자·발명가와 예술가의 권리는 법률로써 보호한다. 제16조 모든 국민은 균등하게 교육을 받을 권리가 있다. 적어도 초등교육은 의무적이며 무상으로 한다. 모든 교육기관은 국가의 감독을 받으며 교육제도는 법률로써 정한다.	제96조 지방자치단체는 법령의 범위 내에서 그 자치에 관한 행정사무와 국가가 위임한 행정사무를 처리하며 재산을 관리한다. 지방자치단체는 법령의 범위 내에서 자치에 관한 규정을 제정할 수 있다. 제97조 지방자치단체의 조직과 운영에 관한 사항은 법률로써 정한다. 지방자치단체에는 각각 의회를 둔다. 지방의회의 조직, 권한과 의원의 선거는 법률로써 정한다.
60. 6 헌법 제3차 개정	제14조 모든 국민은 학문과 예술의 자유를 가진다. 저작자·발명가와 예술가의 권리는 법률로써 보호한다. 제16조 모든 국민은 균등하게 교육을 받을 권리가 있다. 적어도 초등교육은 의무적이며 무상으로 한다. 모든 교육기관은 국가의 감독을 받으며 교육제도는 법률로써 정한다.	제96조 지방자치단체는 법령의 범위 내에서 그 자치에 관한 행정사무와 국가가 위임한 행정사무를 처리하며 재산을 관리한다. 지방자치단체는 법령의 범위 내에서 자치에 관한 규정을 제정할 수 있다. 제97조 ① 지방자치단체의 조직과 운영에 관한 사항은 법률로써 정한다. ② 지방자치단체의 장의 선임방법은 법률로써 정하되 적어도 시, 읍, 면의 장

구분	교육제도	지방자치제도
60. 6 헌법 제3차 개정		은 그 주민이 직접 이를 선거한다. 〈신설 1960. 6. 15.〉 ③ 지방자치단체에는 각각 의회를 둔다. ④ 지방의회의 조직, 권한과 의원의 선거는 법률로써 정한다.
60. 11 헌법 제4차 개정	제14조 모든 국민은 학문과 예술의 자유를 가진다. 저작자·발명가와 예술가의 권리는 법률로써 보호한다. 제16조 모든 국민은 균등하게 교육을 받을 권리가 있다. 적어도 초등교육은 의무적이며 무상으로 한다. 모든 교육기관은 국가의 감독을 받으며 교육제도는 법률로써 정한다.	제96조 지방자치단체는 법령의 범위 내에서 그 자치에 관한 행정사무와 국가가 위임한 행정사무를 처리하며 재산을 관리한다. 지방자치단체는 법령의 범위 내에서 자치에 관한 규정을 제정할 수 있다. 제97조 ① 지방자치단체의 조직과 운영에 관한 사항은 법률로써 정한다. ② 지방자치단체의 장의 선임방법은 법률로써 정하되 적어도 시, 읍, 면의 장은 그 주민이 직접 이를 선거한다. 〈신설 1960. 6. 15.〉 ③ 지방자치단체에는 각각 의회를 둔다. ④ 지방의회의 조직, 권한과 의원의 선거는 법률로써 정한다.
63. 12 헌법 제5차 전부 개정	제19조 ① 모든 국민은 학문과 예술의 자유를 가진다. ② 저작자·발명가와 예술가의 권리는 법률로써 보호한다. 제27조 ① 모든 국민은 능력에 따라 균등하게 교육을 받을 권리를 가진다. ② 모든 국민은 그 보호하는 어린이에게 초등교육을 받게 할 의무를 진다. ③ 의무교육은 무상으로 한다. ④ 교육의 자주성과 정치적 중립성은 보장되어야 한다. ⑤ 교육제도와 그 운영에 관한 기본적인 사항은 법률로 정한다.	제109조 ① 지방자치단체는 주민의 복리에 관한 사무를 처리하고 재산을 관리하며 법령의 범위 안에서 자치에 관한 규정을 제정할 수 있다. ② 지방자치단체의 종류는 법률로 정한다. 제110조 ① 지방자치단체에는 의회를 둔다. ② 지방의회의 조직·권한·의원선거와 지방자치단체의 장의 선임방법 기타 지방자치단체의 조직과 운영에 관한 사항은 법률로 정한다.
69. 10 헌법 제6차 개정	제19조 ① 모든 국민은 학문과 예술의 자유를 가진다. ② 저작자·발명가와 예술가의 권리는 법률로써 보호한다.	제109조 ① 지방자치단체는 주민의 복리에 관한 사무를 처리하고 재산을 관리하며 법령의 범위 안에서 자치에 관한 규정을 제정할 수 있다.

구분	교육제도	지방자치제도
69. 10 헌법 제6차 개정	제27조 ① 모든 국민은 능력에 따라 균등하게 교육을 받을 권리를 가진다. ② 모든 국민은 그 보호하는 어린이에게 초등교육을 받게 할 의무를 진다. ③ 의무교육은 무상으로 한다. ④ 교육의 자주성과 정치적 중립성은 보장되어야 한다. ⑤ 교육제도와 그 운영에 관한 기본적인 사항은 법률로 정한다.	② 지방자치단체의 종류는 법률로 정한다. 제110조 ① 지방자치단체에는 의회를 둔다. ② 지방의회의 조직·권한·의원선거와 지방자치단체의 장의 선임방법 기타 지방자치단체의 조직과 운영에 관한 사항은 법률로 정한다.
72. 12 헌법 제7차 전부 개정	제19조 ① 모든 국민은 학문과 예술의 자유를 가진다. ② 저작자·발명가와 예술가의 권리는 법률로써 보호한다. 제27조 ① 모든 국민은 능력에 따라 균등하게 교육을 받을 권리를 가진다. ② 모든 국민은 그 보호하는 자녀에게 적어도 초등교육과 법률이 정하는 교육을 받게 할 의무를 진다. ③ 의무교육은 무상으로 한다. ④ 교육의 자주성과 정치적 중립성은 보장되어야 한다. ⑤ 교육제도와 그 운영에 관한 기본적인 사항은 법률로 정한다.	제114조 ① 지방자치단체는 주민의 복리에 관한 사무를 처리하고 재산을 관리하며 법령의 범위 안에서 자치에 관한 규정을 제정할 수 있다. ② 지방자치단체의 종류는 법률로 정한다. 제115조 ① 지방자치단체에는 의회를 둔다. ② 지방의회의 조직·권한·의원선거와 지방자치단체의 장의 선임방법 기타 지방자치단체의 조직과 운영에 관한 사항은 법률로 정한다.
80. 10 헌법 제8차 전부 개정	제21조 ① 모든 국민은 학문과 예술의 자유를 가진다. ② 저작자·발명가와 예술가의 권리는 법률로써 보호한다. 제29조 ① 모든 국민은 능력에 따라 균등하게 교육을 받을 권리를 가진다. ② 모든 국민은 그 보호하는 자녀에게 적어도 초등교육과 법률이 정하는 교육을 받게 할 의무를 진다. ③ 의무교육은 무상으로 한다. ④ 교육의 자주성·전문성 및 정치적 중립성은 법률이 정하는 바에 의하여 보장된다. ⑤ 국가는 평생교육을 진흥하여야 한다.	제118조 ① 지방자치단체는 주민의 복리에 관한 사무를 처리하고 재산을 관리하며, 법령의 범위 안에서 자치에 관한 규정을 제정할 수 있다. ② 지방자치단체의 종류는 법률로 정한다. 제119조 ① 지방자치단체에 의회를 둔다. ② 지방의회의 조직·권한·의원선거와 지방자치단체의 장의 선임방법 기타 지방자치단체의 조직과 운영에 관한 사항은 법률로 정한다.

구분	교육제도	지방자치제도
80. 10 헌법 제8차 전부 개정	⑥ 학교교육 및 평생교육을 포함한 교육제도와 그 운영, 교육재정 및 교원의 지위에 관한 기본적인 사항은 법률로 정한다.	
87년 헌법 제9차 전부 개정 현행헌법	제22조 ① 모든 국민은 학문과 예술의 자유를 가진다. ② 저작자·발명가·과학기술자와 예술가의 권리는 법률로써 보호한다. 제31조 ① 모든 국민은 능력에 따라 균등하게 교육을 받을 권리를 가진다. ② 모든 국민은 그 보호하는 자녀에게 적어도 초등교육과 법률이 정하는 교육을 받게 할 의무를 진다. ③ 의무교육은 무상으로 한다. ④ 교육의 자주성·전문성·정치적 중립성 및 대학의 자율성은 법률이 정하는 바에 의하여 보장된다. ⑤ 국가는 평생교육을 진흥하여야 한다. ⑥ 학교교육 및 평생교육을 포함한 교육제도와 그 운영, 교육재정 및 교원의 지위에 관한 기본적인 사항은 법률로 정한다.	제117조 ① 지방자치단체는 주민의 복리에 관한 사무를 처리하고 재산을 관리하며, 법령의 범위 안에서 자치에 관한 규정을 제정할 수 있다. ② 지방자치단체의 종류는 법률로 정한다. 제118조 ① 지방자치단체에 의회를 둔다. ② 지방의회의 조직·권한·의원선거와 지방자치단체의 장의 선임방법 기타 지방자치단체의 조직과 운영에 관한 사항은 법률로 정한다.

5. 헌법재판소와 대법원 사례로 본 시사점

주민 직선으로 지방 교육감을 선출하게 되면서 교육부 장관과 시도 교육감 간에 서로 자기의 사무라며 갈등이 발생하기 시작하였다. 교육감은 자신의 사무 범위를 적극적으로 해석하려고 하기 때문에 자치사무의 범위를 넓게 보는 반면, 교육부에서는 해당 사무의 처리 방향이 교육부와 맞지 않는 경우에는 그 사무가 위임사무라고 주장한다. 갈등의 구체적인 사례로, 고교평준화 실시 지역의 지정 문제 등을 들 수 있다.

2011년, 고교평준화 실시 지역 지정 권한은 법령상 장관의 권한으로 규정되어 있었다. 그해 교육부는 경기도와 강원도의 실시 지역 요청에 대해 준비 부족을 이유로 반려하였는데, 특별한 하자가 없으면 교육감 요청에 따라 장관이 수락하는 관계가 이미 형성되어 있었기 때문에 해당 지역 교육감들은 사실상 자치사무로 여겨 왔고, 교육부의 반려에 반발하였다. 이후 두 달이 미처 지나지 않은 시점에서 교육부는 「초·중등교육법 시행령」을 개정해 고교평준화 실시 지역 지정업무를 더 이상 국가사무가 아닌 자치사무로 변경하게 되었다. 경기도, 강원도의 요청을 반려할 시점에 이미 대통령령 개정이 진행 중이었음에도 불구하고, 정치적 이유 등으로 반려한 것으로 보인다.

또 다른 갈등 사례로, 2014년 서울시교육청(진보교육감)은 6개 자사고에 대한 지정취소를 하였다. 이에 교육부는 자사고 지정 취소에 대한 시정명령을 내리고, 이행 결과를 보고하라고 지시하였는데, 서울시교육청이 이에 따르지 않았다. 이에 교육부는 지정 취소를 직권으로 취소하고, 「초·중등교육법 시행령」을 개정해 '교육부 장관의 동의를 받아' 지정 취소하도록 법령을 개정하기에 이르렀다. 이러한 사안은 갈등이 완전히 해결되었다고 볼 수는 없고 교육부의 일방적인 힘으로 덮어진 사안이라고 보아야 한다.

교육사무가 어떤 사무인지에 관해서 「지방교육자치에 관한 법률」 제19

조에 따른 기관위임사무인지, 또는 교육감의 자치사무인지를 정치적 이해득실 등에 따라 달리 해석하고 있고, 이러한 각자의 해석이 갈등의 당사자들이 논거로 들고 있는 것이다. 교육사무가 누구의 사무인지에 관한 혼란은 현행 교육 법령 체계에서 기인하는 측면 있다. 「교육기본법」,[12] 「초·중등교육법」[13] 등의 법률에서 국가와 지자체를 공동 주어로 두고 있는데(공동사무), 이 때문에 지방자치단체인 교육감이 하는 업무가 자치사무인지, 아니면 국가사무를 위임받아 하는 기관위임사무인지가 법령 문언상 명확하지가 않다. 결국 사무의 성질(전국적으로 통일적 처리가 필요한지 여부) 및 경비 부담 및 최종 책임귀속 주체를 고려하여 구분되기 때문으로 판단된다. 이에 더해, 「정부조직법」에서 교육부 장관에게 교육감에 대한 일방적 지휘, 감독권을 부여하고 있는 상황에서 더욱 그러하다.

해결방안으로, 교육사무에 관하여 사무 구분에 관해 전국적으로 통일

---

12 제7조(교육재정) ① 국가와 지방자치단체는 교육재정을 안정적으로 확보하기 위하여 필요한 시책을 수립·실시하여야 한다.
제11조(학교 등의 설립) ① 국가와 지방자치단체는 학교와 평생교육시설을 설립·경영한다.
제17조(국가 및 지방자치단체) 국가와 지방자치단체는 학교와 평생교육시설을 지도·감독한다.
제17조의5(안전사고 예방) 국가와 지방자치단체는 학생 및 교직원의 안전을 보장하고 사고를 예방할 수 있도록 필요한 시책을 수립·실시하여야 한다.

13 제28조(학업에 어려움을 겪는 학생에 대한 교육) ① 국가와 지방자치단체는 다음 각 호의 구분에 따른 학생들(이하 "학업에 어려움을 겪는 학생"이라 한다)을 위하여 대통령령으로 정하는 바에 따라 수업일수와 교육 과정을 신축적으로 운영하는 등 교육상 필요한 시책을 마련하여야 한다.
제30조의4(교육정보시스템의 구축·운영 등) ① 교육부 장관과 교육감은 학교와 교육행정기관의 업무를 전자적으로 처리할 수 있도록 교육정보시스템(이하 "정보시스템"이라 한다)을 구축·운영할 수 있다.

된 기준을 제시하는 방안이 있다. 전국적으로 통일된 기준에 따라 국가 차원에서 수행되어야 할 업무, 그리고 지역의 특성을 반영해야 할 업무를 구분하는 기준을 마련하는 것인데, 그 기준을 수립하는 것이 중요할 것이므로 교육부를 중심으로 학계와 함께 심도 있는 연구가 필요한 부분이다.

그 밖에도 사무 성질에 따라 국가(교육부 장관)의 관여 여부를 명확하게 정하고 관여하는 경우 그 구분을 명시하는 방안, 교육부 장관과 교육감 간의 분쟁 해결을 위한 분쟁 해결기구 설치와 운영방안을 마련하는 방안, 교육감에게 위임한 사무에 대한 교육부 장관의 시정명령 절차, 방식, 효력 등에 대한 규정화 등이 학계에서 논의되고 있다.

가장 중요한 것은 법제 심사 시 국가와 지방자치단체를 병렬적으로 주어로 두는 것을 지양할 필요가 있다. 물론 이러한 권한 중첩은 책무를 효율적으로 분배하고 시행하도록 해 합리적인 행정을 가능하게 하는 측면은 있으나, 권한을 부여받은 국가와 지방자치단체, 또는 교육부 장관과 교육감 사이에 정치적 논리 등에 의해 이견이 발생하면 권한 충돌로 이어질 가능성이 높다. 또한 국가와 지방자치단체를 둘 다 명시해야만 하는 경우, 국가와 지방자치단체의 역할을 구분해서 규정하는 것이 집행 및 해석상 논란을 방지할 수 있다.

12

부단체장 임명 권한은 지방정부에게 돌려주어야

1. 지방정부 조직과 부단체장 제도
2. 행정안전부 공무원의 광역 지방정부 근무
3. 교육부 공무원의 지방 교육청 근무
4. 광역 지방정부 공무원의 기초 지방정부 근무
5. 부단체장 임명 제도의 개혁

이 장은 Jeong, S. H.(2024), "Deputy Mayor Appointment System in South Korea: Challenges and Reforms for Local Autonomy," *Korean Comparative Government Review*, Vol. 28, No. 4, pp. 105~128의 일부 내용이다.

지방자치 부활, 중앙 공무원의 부단체장 임명

1991년에 지방자치가 부활되었다. 박정희가 집권한 이래 폐지되었던 지방자치가 부활되어 정치 및 행정 발전에 중요한 전환점이 되었다. 오랜 기간 동안 중앙집권적 통치 시기를 지나, 지방자치는 지방정부가 주민의 요구를 충족하고 중앙정부 지배력을 감소시켜 민주화를 촉진하는 데 중점을 두었다.

그러나 지방자치 부활 30년, 분권화를 위한 다양한 노력에도 불구하고, 한국의 지방자치는 여전히 구조적·제도적 제약으로 인해 실질적 제약이 많다. 행정, 정치 및 재정은 여전히 중앙집권적 통제에서 벗어나지 못하고 지방자치 이전과 크게 달라진 것이 없다. 외형적으로는 무언가 변화된 것처럼 보이지만 실상은 그러하지 않다는 것이다. 본 지면에서는 그중 중앙부처 공무원(행정안전부와 교육부)의 부단체장 임명, 심지어는 광역지방공무원의 기초자치단체 부단체장 임명이다. 여전히 과거와 크게 다르지 않은 중앙집권적 통치 구조 방식을 여실히 보여 주고 있는 것이다. 그 핵심은 행정안전부와 교육부의 공무원이 광역 지방정부와 지방 교육청의 부단체장으로 임명되는 것이다. 이는 지방정부의 독립성을 약화시킴은 물론 주민의 요구에 부합하는 정책을 수립하고 실행할 능력을 저하시킬 수 있다. 결과적으로 지방정부는 중앙정부의 행정적 연장선으로 기능하며, 지역적 우선순위보다 국가적 목표를 우선시하는 구조가 유지되고 있는 것이다.

- 중앙집권적 부단체장 임명이 지방정부의 자율성과 운영 능력에 어

떤 영향을 미치는가?

- 중앙집권적 거버넌스 모델을 지속시키는 역사적·제도적 요인은 무엇인가?
- 지방정부의 자율성과 책임성을 강화하기 위해 정책적 개혁 방향은 무엇인가?

1. 지방정부 조직과 부단체장 제도

부단체장 제도의 주요 한계 중 하나는 사실상 중앙집권적 임명 과정이다. 부단체장은 지방정부 내에서 중요한 권한을 가지며, 행정안전부, 교육부와 같은 중앙정부 부처에 의해 임명된다. 이러한 중앙집권적 임명 방식은 지방정부가 자체적으로 리더를 선택하지 못하게 해 분권화와 지방자치의 원칙에 직접적으로 배치된다. 부단체장은 공공 서비스, 재정 운영, 정책 집행 등 지방 거버넌스의 중요한 측면을 감독하는 역할을 한다(궐위 시 단체장을 대행). 중앙정부에서 임명된 부단체장은 지역적 문제보다 중앙정부의 우선순위를 따르는 경향이 강하다. 이로 인해 지방정부는 중앙정부의 의제를 실행하는 데 중점을 두게 되며, 지역의 특수한 상황과 일치하지 않는 정책도 시행해야 하는 문제를 겪을 수 있다. 이는 지방정부의 정책 결정 권한을 제한하고, 지역사회의 고유한 도전 과제를 해결하기 위한 능력을 약화시킨다. 결과적으로 지방정부는 중앙정부의 행정적 연장선으로 기능하게 되며, 지역 발전 전략을 개발하기보다 국가 정책을 수행하는 데 집중하게 된다는 것이다. 이러한 구조는 지방자치의 범위를 근본적으로 제한하며, 지방 거버넌스의 효과성을 저하시키게 되는 것이다.

2. 행정안전부 공무원의 광역 지방정부 근무

행정안전부 공무원의 광역 지방정부 근무는 「지방자치단체에 두는 국가공무원의 정원에 관한 법률」 제2조에 규정되어 있다. 이 법은 중앙정부 공무원이 광역 지방정부에서 부단체장 역할을 수행할 수 있도록 규정하고 있다. 이러한 제도는 국가 정책이 광역 단위에서 일관되게 시행될 수 있도록 설계되었다. 그러나 이러한 구조는 광역 지방정부가 독립적으로 기능할 수 있는 능력을 제한한다. 중앙정부가 주요 결정을 통제함으로써 광역 지방정부가 지역적 필요에 맞춘 정책을 추구하기 어렵게 만든다. 이로 인해 광역 지방정부는 독립적인 정책 결정을 내릴 수 있는 잠재력을 제한받게 되는 것이다.

3. 교육부 공무원의 지방 교육청 근무

교육부 공무원의 부교육감 근무는 「지방교육자치에 관한 법률」 제30조에 규정되어 있다. 지방 교육청 부단체장(부교육감)은 교육부 장관의 추천에 따라 임명되며, 이를 통해 국가 교육 정책이 일관되게 적용되도록 보장한다. 그러나 이러한 중앙집권적 접근 방식은 지방 교육청이 지역의 특수한 교육 요구를 반영한 정책을 개발하고 시행할 수 있는 능력을 제한한다.

4. 광역 지방정부 공무원의 기초 지방정부 근무

광역 지방공무원의 기초자치단체 부단체장 근무는 「지방자치법 시행령」 제71조에 규정되어 있다. 광역 지방공무원이 기초 지방정부에 부단체장에 임명되는 것은 지방자치를 역행하는 패악이다. 지방정부끼리 통제를 하겠다는 의미이다. 외형적으로는 광역 지방공무원이 기초 지방정부에 근무하는 구조는 행정적 역량을 강화하고, 정부 간 협력을 증진하기 위한 것이라고 밝히고 있지만, 이러한 관행은 기초 지방정부의 자율성을 약화시키는 근본 문제를 야기한다. 이미 설명한 바와 같이 광역에서 파견된 공무원은 주로 소속 광역 정부의 우선순위를 따르게 되어, 지역적 필요와의 불일치를 초래할 수 있다. 2024년 12월 시행령이 개정되어 부단체장의

여기서 잠깐

개정 전 「지방자치법 시행령」 제71조 제7항 1~4호의 내용은 다음과 같다.

1. 인구 5만 미만의 시·군과 광역시의 자치구: 지방서기관
2. 인구 50만 미만의 특별시의 자치구: 지방부이사관
3. 인구 5만 이상 50만 미만의 시·군과 광역시의 자치구: 지방부이사관
4. 인구 50만 이상의 시·군 및 자치구: 지방이사관

제71조(부시장·부지사 등의 수와 직급 등)

① 법 제123조 제1항에 따라 특별시의 부시장은 3명, 광역시·특별자치시의 부시장과 도 및 특별자치도의 부지사는 2명(인구 800만 이상의 광역시 및 도는 3명).
② 법 제123조 제2항에 따라 국가공무원으로 보(補)하는 특별시·광역시 및 특별자치시의 부시장(이하 "행정부시장"), 도와 특별자치도의 부지사(이하 "행정부지사")는 특별시의 경우 정무직 국가공무원으로, 광역시·특별자치시·도와 특별자치도의 경우 「국가공무원법」 제2조의2에 따라 고위공무원단에 속하는 일반직공무원으로 보하며, 그 직무등급(「국가공무원법」 제23조에 따라 인사혁신처장이 행정안전부 장관과 협의하여 배정하는 직무등급을 말한다)은 행정안전부령으로 정함.
③ 법 제123조 제2항 단서에 따라 지방공무원으로 보하는 특별시·광역시 및 특별자치시의 부시장(이하 "정무부시장")과 도 및 특별자치도의 부지사(이하 "정무부지사")는 특별시의 경우 정무직 지방공무원으로, 광역시·특별자치시·도와 특별자치도의 경우 별정직 1급 상당 지방공무원이나 지방관리관으로 보함.
④ 행정부시장·행정부지사는 시·도의 사무를 총괄하고 소속 공무원을 감독하며, 정무부시장·정무부지사는 해당 시·도지사를 보좌하여 정책과 기획의 수립에 참여하고 그 밖의 정무적 업무를 수행한다. 다만, 시·도의 정무부시장·정무부지사는 해당 시·도의 조례로 정하는 바에 따라 행정부시장·행정부지사의 업무를 분담하여 수행.
⑤ 제4항 단서에 따라 행정부시장·행정부지사의 업무를 분담하여 수행하는 정무부시장·정무부지사에 대한 명칭은 조례로 정함.
⑥ 행정부시장·행정부지사를 2명 두는 시·도의 경우에는 명칭을 행정(1)부시장·행정(1)부지사, 행정(2)부시장·행정(2)부지사로 하고, 그 사무분장은 별표 7에서 정하는 바에 따름.
⑦ 시의 부시장, 군의 부군수와 자치구의 부구청장의 직급은 다음 각호의 기준에 따름.

1. 인구 50만 미만의 시·군 및 자치구	지방부이사관
2. 인구 50만 이상의 시·군 및 자치구	지방이사관

자료: 「지방자치법 시행령」 제71조.

지방정부 간 분쟁

1. 구리시, 부시장 우리가 뽑겠다고 결정

2022년, 민선 8기가 출범, 구리시(시장 백경현)는 경기도가 관행적으로 단행해 오던 부단체장 인사를 거부하고, 대신 자체적으로 공직사회 유능한 인재를 공개채용을 통해 부단체장으로 뽑기로 결정.

경기도는 「지방공무원법」 제30조의2의 시·도와 시·군·구 간 인사교류 규정을 근거로 「지방자치법」상 일반 시·군 부단체장은 개방형 직위로 채용할 수 있는 근거가 없다고 구리시에 통보.

2. 경기도의 거부 통보에 행정안전부에 유권해석 의뢰

구리시는 『지방자치법』 제123조 제4항에 따라 구리시장에게 부시장 임명권이 있다며, 행정안전부에 부단체장의 개방형 직위 채용 가능 여부에 대한 유권해석을 의뢰.

- 구리시는 임기제공무원도 일반직 지방공무원에 해당, 개방형으로 외부 인사 채용이 가능하다. 반면, 경기도는 일반직공무원에는 임기제공무원이 포함되지 않아 개방형 채용 근거가 없다.
  행정안전부는 부시장 직위에 대해서는 개방형 직위 지정이 불가하다는 입장을 구리시에 통보.
  부시장은 유사시 시장 업무를 대행, 개방형 직위는 특정 분야 전문가를 채용하는 과정으로, 유사시 포괄적 업무를 해야 하는 시장을 대행하기에는 적합하지 않다.
- 아울러 "인구 100만 명 이상 특례시에는 부시장을 2명 둘 수 있고, 제2부시장은 임기제공무원을 채용할 수 있다"는 단서조항이 있다(즉, 제2부시장에게만 적용되는 단서조항). 따라서 부시장이 1명인 일반 지자체에서는 부시장을 임기제로 채용하는 것이 불가하다고 해석.

3. 행정안전부의 불가 통보에 법제처에 유권해석 의뢰

구리시는 "법령상 임기제공무원도 일반직공무원에 해당하는 것은 분명한 만큼 임기제 임용이 가능하면 개방형 직위도 뽑을 수 있다"는 취지로 법제처에 유권해석을 의뢰.

4. 법제처 유권해석 결과(안건번호 22-0666, 22-1003)

경기도·경기도 구리시-「지방자치법」 제123조 제4항에 따라 일반직 지방공무원으로 보해야 하는 시의 부시장을 임기제공무원으로 보할 수 있는지(「지방자치법」 제123조 제4항 등 관련)

〈1. 질의요지〉

「지방자치법」 제123조 제4항에서는 시의 부시장은 "일반직 지방공무원"으로 보하도록 하고 있고, 「지방공무원법」 제2조 제2항에서는 "경력직공무원"의 종류를 "일반직공무원"과 "특정직공무원"으로 구분하면서 같은 법 제25조의5 제1항에서는 "경력직공무원"을 임용할 때에 "임기제공무원"을 임용할 수 있도록 하고 있는바, 「지방자치법」 제123조 제4항에 따라 "일반직 지방공무원"으로 보해야 하는 시의 부시장을 "임기제공무원"으로 보할 수 있는지?

〈2. 회답〉

「지방자치법」 제123조 제4항에 따라 일반직 지방공무원으로 보해야 하는 시의 부시장은 임기제공무원으로 보할 수 없습니다.

〈3. 이유〉

「지방자치법」 제123조 제1항 제3호에서는 시의 부시장의 수는 1명으로 하도록 하면서, 같은 조 제4항에서 시의 부시장은 일반직 지방공무원으로 보하도록 규정하고 있을 뿐, 시의 부시장을 임기제공무원으로는 보할 수 없다는 것을 명시적으로 규정하고 있지는 않으나, 「지방자치분권 및 지방행정체제개편에 관한 특별법」(이하 "지방분권법"이라 함) 제42조 제1항에서는 「지방자치법」 제123조 제1항에도 불구하고 "인구 100만 이상 대도시의 부시장은 2명으로 한다"고 규정하면서, 이 경우의 부시장 1명은 같은 조 제4항에도 불구하고 일반직, 별정직 또는 임기제 지방공무원으로 보(補)할 수 있다고 규정하여 「지방자치법」에 대한 특례를 두고 있는바, 이는 「지방자치법」 제123조 제4항에 따라 보할 수 있는 일반직 지방공무원에 임기제공무원이 포함되지 않음을 전제로, 인구가 100만 이상인 대도시에 한정하여 부시장을 2명으로 하고, 그 부시장 2명 중 1명은 임기제공무원 등으로도 임용할 수 있도록 특례를 둔 것으로서, 대도시에 2명의 부시장을 두는 경우에도 그 중 1명은 「지방자치법」 제123조 제4항의 원칙에 따라 임기제공무원이 아닌 일반직 지방공무원을 보해야 한다는 취지가 있다고 보아야 합니다. 또한 「지방자치법」 제123조 제4항의 위임에 따른 같은 법 시행령 제71조 제7항에서는 시의 부시장의 직급에 대해 인구 수를 기준으로 지방서기관, 지방부이사관 또는 지방이사관으로만 구분하여 규정하고 있는 데 비하여, 같은 조 제9항에서는 지방분권법 제42조 제1항 후단에 따른 부시장은 지방이사관, 별정직 2급상당 지방공무원이나 지방임기제공무원으로 보한다고 규정하고 있고, 「지방자치법」 제125조의 위임에 따라 지방자치단체에 두는 행정기구의 설치와 지방공무원의 정원을 규정하고 있는 「지방자치단체의 행정기구와 정원기준 등에 관한 규정」 제31조 제1항에서는 「지방공무원법」 제29조의4에 따른 개방형 직위로 지정된 실장·국장·과장·담당관 등 보조·보좌기관의 직위와 소속기관의 장이나 그 보조·보좌기관의 직위는 이 영에서 규정된 직급 기준에도 불구하고 임기제공무원으로 임명할 수 있다고 하여 임기제공무원으로 임명할 수 있는 직위를 규정하면서 그 대상에 읍장·면장·동장 등과 달리 부시장은 포함하고 있지 않은바, 이러한 관련 규정의 내용과 체계에 비추어 보더라도 「지방자치법」 제123조 제4항에 따라 부시장으로 보할 수 있는 일반직 지방공무원에 임기제공무원이 포함된다고 보기는 어렵습니다.

아울러 「지방공무원법」 제25조의5 제1항에서는 전문지식·기술이 요구되거나 임용관리에 특수성이 요구되는 업무를 담당하게 하기 위하여 경력직공무원을 임용할 때에 임기제공무원을 임용할 수 있도록 규정하고 있으므로, 원칙적으로 임기제공무원을 임용하기 위해서는 그 직위의 업무상 성격이 전문지식·기술이 요구되거나 임용 관리에 특수성이 요구되는 업무에 해당하여야 할 것인데, 시의 부시장은 「지방자치법」 제123조 제5항에 따라 해당 지방자치단체의 장을 보좌하여 사무를 총괄하고, 소속 직원을 지휘·감독하며, 같은 법 제124조에 따라 지방자치단체의 장이 궐위된 경우 등에 그 권한을 대행하거나 출장 등의 사유가 있는 경우에 직무를 대리하게 되는바, 이에 따르면 시의 부시장은 일반적으로 시의 행정업무 전반을 총괄하는 직위로서 원칙적으로 그 업무의 성격상 임기제공무원을 임용하기에 적합한 직위라고 보기 어렵다는 점도 이 사안을 해석할 때 고려할 필요가 있습니다.

한편, 「지방공무원법」 제2조 제2항 제1호에서는 경력직공무원의 한 종류로 일반직공무원을 규정하고 있고, 같은 항 각호 외의 부분에서는 근무기간을 정하여 임용하는 공무원의 경우를 규정하여 경력직공무원의 범위에 임기제공무원을 포함하고 있어 법문언상 일반직 지방공무원의 범위에 임기제공무원이 포함되므로, 임기제공무원을 시의 부시장으로 임용하는 것도 일반직 지방공무원으로 보하는 경우에 해당한다고 보는 의견이 있으나, 「지방공무원법」 제2조 제2항의 관련 내용은 경력직공무원 중에서 한시적으로 임용할 필요가 있는 직위에 대하여 임기제공무원 제도를 신설하여 일정 기간의 임기 동안만 근무하도록 하면서, 그 신분보장이 되는 기간을 임기 동안으로 특정하기 위한 취지에서 규정된 것인바, 해당 내용만을 근거로 임기제공무원을 전문지식·기술이 요구되거나 임용 관리에 특수성이 요구되는 업무를 담당하게 하기 위하여 한정적으로 임용할 수 있도록 규정한 「지방공무원법」 제25조의5 제1항의 문언을 벗어나 모든 일반직 지방공무원 직위에 대해서 임기제공무원을 임용할 수 있다고 확대하여 해석할 수 없으므로 그러한 의견은 타당하다고 보기 어렵습니다.

또한 임기제공무원 제도는 공무원 직종 체계를 간소화하는 등의 내용으로 2012년 12월 11일 법률 제11531호로 「지방공무원법」이 일부개정되면서 도입된 것으로, 2021년 1월 12일 법률 제17893호로 「지방자치법」이 전부개정된 이후에도 여전히 시의 부시장을 일반직 지방공무원으로 보하도록 규정하고 있는 것에는 시의 부시장을 임기제공무원으로도 보할 수 있도록 하려는 취지가 있다고 보아야 한다는 의견도 있으나, 「지방자치법」에서 시의 부시장을 일반직 지방공무원으로 보하도록 하는 규정은 1994년 3월 16일 법률 제4741호로 「지방자치법」이 일부개정되면서 처음 규정된 이래 현재까지 유지된 것으로서, 「지방자치법」 제123조 제4항에 따라 시의 부시장으로 보해야 하는 일반직 지방공무원에 임기제공무원이 포함되지 않는다고 명시적으로 규정하지 않은 것은 공무원 직종 개편에 따라 종전에 특수경력직공무원에만 포함되었던 계약직공무원이 임기제공무원으로 일부 전환되면서 경력직공무원에도 포함되도록 재분류된 사항을 「지방자치법」에 반영하지 못한 것일 뿐, 시의 부시장을 비롯하여 「지방자치법」상 규정하고 있는 일반직 지방공무원의 범위에 종전의 계약직공무원의 성격을 가지고 있는 임기제공무원을 일률적으로 포함하려는 취지는 아니라고 할 것이므로, 그러한 의견도 타당하다고 보기 어렵습니다.

따라서, 「지방자치법」 제123조 제4항에 따라 일반직 지방공무원으로 보해야 하는 시의 부시장은 임기제공무원으로 보할 수 없습니다.

〈법령정비 권고사항〉

「지방자치법」 제123조 제4항에 따른 일반직 지방공무원에 임기제공무원이 포함되는지 여부를 명확히 규정할 필요가 있습니다.

직급이 상향된 상태이다. 웃픈 현실이다.

부단체장 임명의 구조적 한계

경로 의존성과 자치 이전 관행

1991년 지방자치가 공식적으로 부활하였음에도 불구하고, 한국의 거버넌스 시스템은 여전히 자치 이전 시대의 중앙집권적 관행에 크게 영향을 받고 있다. 이러한 현상은 경로 의존성(path dependency)으로 설명되며, 과거의 제도적 배열이 현대의 거버넌스 구조에 지속적으로 영향을 미치는 것을 의미한다. 지방자치의 도입이 권력의 분권화를 목표로 하였음에도 불구하고, 중앙정부는 여전히 부단체장 임명을 통해 지방정부 운영에 상당한 통제력을 유지하고 있다. 중앙정부가 부단체장을 임명하는 제도의 지속성은 기존의 거버넌스 관행에서 벗어나지 못하고 있는 것이다. 과거 중앙정부는 지방정부를 통제하기 위해 관료를 파견하였으며, 이러한 관행은 오늘날 부단체장 임명 과정을 통해 여전히 유지되고 있다. 이러한 임명은 중앙정부와 지방정부 간 정책 조율을 보장하기 위한 수단으로 정당화되지만, 동시에 지방정부가 독립적으로 기능하는 능력을 제한한다. 부단체장이 중앙정부의 대표로 임명되는 구조는, 특히 지역 문제보다 국가적 우선순위를 강조하게 만든다. 이는 자치적 지방 거버넌스 발전을 저해하는 주요 요인으로 작용한다.

부단체장의 역할: 중앙집권적 사고

부단체장은 지방정부 내에서 핵심적인 리더십 역할을 담당하며, 지역 행정의 중요한 측면을 감독한다. 그러나 중앙부처 공무원이 이 직위를 맡을 경우, 지방정부의 자율적 운영 능력이 크게 약화된다. 부단체장은 중앙정부의 대표로서 국가 정책을 지역 수준에서 시행하는 데 우선순위를 두며, 지역사회의 고유한 요구를 반영한 정책 개발은 상대적으로 소홀하게 된다.

부단체장 임명 과정에 내재된 권력 역학은 한국 지방정부 시스템을 형성하는 중앙집권적 거버넌스 모델을 반영한다. 이러한 구조는 지방정부가 독립적인 전략을 개발하기보다는 국가 지침을 준수해야 하는 환경을 조성하며, 지방정부가 직면한 지역적 도전 과제를 효과적으로 해결할 수 있는 혁신성을 제한한다.

지방자치 시대에 부합한 부단체장 임명?

지방자치 시대에는 지방정부가 중앙정부로부터 독립적으로 운영될 수 있어야 한다. 그러나 현재의 부단체장 임명 제도는 이러한 목표를 달성하는 데 중대한 장애물로 작용하고 있다. 중앙부처 공무원을 주요 지방 직위에 임명하는 관행은 지방정부가 지역 요구를 반영한 정책을 개발하고 실행할 수 있는 능력을 제한한다. 이러한 구조를 개혁하기 위해 지방정부가 자체 리더를 임명할 수 있는 권한을 부여해야 한다. 이를 통해 지방정부는 지역적 도전 과제에 적합한 정책을 개발하고, 독립적으로 운영될 수 있을 것이다.

지방자치 이전 유산: 중앙집권적 통제의 지속

현행 부단체장 제도는 지방자치 부활 이전 한국의 중앙집권적 거버넌스 구조를 그대로 이어받은 것이다. 지방자치 도입은 권력 분산을 목표로 하였지만, 부단체장의 중앙부처 임명은 여전히 중앙집권적 시스템의 요소로 남아 있다. 이는 지역 주민과 지방정부 간의 신뢰를 약화시키고, 지방자치의 이상을 실현하는 데 걸림돌로 작용한다.

5. 부단체장 임명 제도의 개혁

부단체장 제도의 한계를 해결하기 위해 다음과 같은 개혁이 필요하다. 첫째, 임명 절차의 분권화를 해 나가야 한다. 즉, 지방정부가 부단체장을 자체적으로 임명할 수 있도록 권한을 부여해야 한다. 둘째, 재정 자율성을 확대해야 한다. 지방정부가 재정 자원을 독립적으로 관리할 수 있는 구조가 마련되어야 한다. 셋째, 책임성 강화도 중요하다. 부단체장이 지역 주민의 요구를 반영하고, 지역사회에 책임을 질 수 있는 체계를 도입해야 한다.

지방자치 회복을 위한 분권화의 길은 멀고 험하다. 우선 현행 조직 구조를 재검토해야 한다. 현행 지방정부 조직 구조, 특히 부단체장 임명 제도는 중앙정부의 통제를 강화하는 방식으로 설계되었다. 이를 개혁하기 위해 지방정부가 독립적으로 운영될 수 있는 기반을 마련해야 한다. 이를 통해 지역 주민에게 책임을 지는 리더십을 구현할 수 있을 것이다.

둘째, 지방자치를 제한하는 법령의 폐지 및 개정이 필요하다. 지방자치 제한 요소를 포함한 법령을 폐지하고, 지방정부가 독립적으로 인사를 결정할 수 있는 체계를 구축해야 한다. 예컨대, 「지방자치법 시행령」 제71조와 같은 조항은 중앙 개입을 허용하므로 반드시 삭제되어야 한다.

셋째, 중앙과 지방 사무를 명확하게 구분해야 한다. 중앙정부와 지방정부의 역할을 명확히 구분하여, 지방정부가 지역적 필요에 따라 정책을 수립하고 실행할 수 있는 체계를 구축해야 한다. 이를 통해 지방정부는 독립적으로 운영되며, 지역 맞춤형 정책을 효과적으로 시행할 수 있다.

한국의 지방자치는 1991년 공식적으로 부활하였으나, 중앙집권적 구조와 관행의 영향에서 완전히 벗어나지 못하고 있다. 이는 지방자치가 중앙정부의 통제에서 독립적으로 운영되는 데 제약을 주며, 경로 의존성으로 인해 과거 관행이 여전히 현재의 거버넌스 체계에 영향을 미치고 있음을 보여 준다.

중앙정부가 지방정부의 부단체장을 임명하는 관행은 이러한 중앙집권적 통제를 상징적으로 나타내는 사례이다. 이 과정은 중앙정부와 지방정부 간 정책 조율을 보장하기 위해 정당화되지만, 결과적으로 지방정부의 자율성을 제한하고, 지역 주민들의 요구를 충분히 반영하지 못하게 한다.

교육자치 영역에서는 부교육감 임명 제도가 논란의 중심에 있다. 과거에는 중앙정부가 교육감의 의견을 배제하고 부교육감을 임명하였지만, 현재는 교육감과 협의가 필수적이다. 부교육감의 역할은 교육감의 권한에 크게 의존하며, 중앙정부와의 협력보다는 교육감의 정책적 방향에 동조하는 역할로 축소되었다. 그러나 교육감의 권력이 지나치게 집중되어 부패 및 권력 남용의 가능성이 상존하고 있으며, 이를 감시할 시민단체나 학부모 단체가 부재한 상황이다.

부단체장과 부교육감 제도는 모두 지방자치와 교육자치의 발전을 저해할 가능성을 가지고 있다. 이를 해결하기 위해 중앙집권적 구조를 재검토하고, 지방정부와 교육기관의 자율성을 강화할 필요가 있다. 특히, 부단체장 임명은 지방정부가 자체적으로 결정할 수 있도록 분권화되어야 하며, 이를 통해 지방정부가 지역 주민의 요구를 반영한 정책을 수립할 수 있도록 해야 한다. 또한 교육감의 권력 집중을 견제하기 위한 체계를 마련하고, 부교육감 제도의 역할을 재정립해야 한다.

결론적으로, 한국의 지방자치와 교육자치는 중앙집권적 통제를 극복하고 자율성을 확대하는 방향으로 나아가야 한다. 이를 위해 법적, 제도적 개혁과 함께 지역사회의 감시와 협력 체계가 구축되어야 하며, 이러한 변화는 지방자치의 이상을 실현하고 지역사회의 발전을 촉진하는 데 기여할 것이다.

13

새 포도주는 새 부대에

1. 광역형 거점도시로의 개편
2. 중앙–광역–기초 간 기능 중복 개선
3. 인구소멸과 학령인구 감소에 대비
4. 지방재정과 교육재정 통합(합리적 조정)
5. 재정 지원 없는 권한 위임을 줄여야…

현재 지방정부는 총 243개로 구성되어 있으며, 조선 시대 때 산과 강을 경계로 구역을 획정한 것과 크게 다르지 않다. 온전한 재정분권 구조가 되려면 현재 243개 지방정부는 광역형 거점도시로 통합·재편하고, 중앙과 지방사무의 명확한 구분이 필요하다. 또한 인구소멸과 학령인구 감소를 고려한 체계적 대비가 필요하다. 광역형 거점도시(약 50개)로의 개편은 지방 교육청(17개 교육청과 174개 교육지원청)의 구조 개편과 일반재정과 교육재정의 통합을 전제로 한다(정성호, 2018).

1. 광역형 거점도시로의 개편

광역형 거점도시로의 개편은 재정을 효율화하고 실질적인 재정분권을 추구하는 유의미한 접근이라 할 수 있다. 특히, 인구소멸과 학령인구 감소에 대비하고, 교육자치로의 개편(지방재정과 교육재정의 통합)이 완성될 수 있다. 그렇다면 왜 50여 개의 광역형 거점도시가 필요할까? 재정학적 대답은 간명하다. 근본적으로는 재정분권의 방향과 일치하며 규모의 경제를 실현할 수 있기 때문이다. 현재와 같이 243개 지방정부를 그대로 유치한 채 재정분권(재정 확충)을 강화한다는 것은 밑 빠진 독에 물 붓기와 다를 바가 없다. 인구소멸로 사라질 지방정부들이 실질 지방자치를 추진한다는 명분으로 불필요한 치적사업(예, 공설운동장)을 추진하고, 학령인구 감소가 명확함에도 교육자치를 위해서라며 재정투입을 늘리는 것은 치명적인 오류이다. 이로 인해 효율성이 떨어지고, 재정이 낭비되면 그 부

담은 고스란히 국민의 몫으로 돌아온다. 광역형 거점도시는 이러한 문제를 일소할 수 있다.[1]

2. 중앙-광역-기초 간 기능 중복 개선

우리나라는 244개 국가가 있다고 보아도 크게 틀리지 않다. 중앙정부를 하나의 국가라 칭한다면, 나머지 243개 지방정부도 국가이다. 중앙정부가 수행하는 사무를 243개 지방정부(광역·기초)가 거의 동일하게 보고 있기 때문에 기능 중복이 나타나지 않을 수 없다. 중앙-광역-기초 간 기능 중복을 개선하기 위해서 현재의 행정 구조가 얼마나 비효율적인지를 먼저 살펴보아야 한다. 사무 구분 체계는 크게 국가사무와 자치사무로 구분된다. 국가사무이지만 지방정부에서 수행하는 사무는 단체위임사무와 기관위임사무로 구분할 수 있다. 또한 자치사무는 시·도 사무와 시·군·구 사무로 세분화 된다(지방자치법 제9조 내지 제10조, 동법 제103조). 이에 대해 좀 더 살펴보자.

첫째, 국가사무는 지방자치법 제11조(국가사무의 처리제한)에 제시되어 있는데(지방정부가 사무를 처리할 수 없고 국가사무임을 천명함), 제11조에

1 장기적 관점에서 대변혁 대안을 하나 제시해 본다. 여러 유형의 지방정부가 있겠지만, 인구구조가 기준이 된다. 가장 최소 단위의 지방정부는 인구 5만 이하(52개)이다. 이러한 유형의 지방정부는 인근 중소 도시와 통폐합함과 동시에 기초의회를 폐지하는 것이다. 5만 이하의 지방정부와 지방의회를 유지할 이유가 있는지 심각한 고민이 필요하다.

"지방정부는 다음 각호에 해당하는 국가사무를 처리할 수 없다. 다만, 법률에 이와 다른 규정이 있는 경우에는 국가사무를 처리할 수 있다"라고 규정하고 있다. 이를 정리하면 다음과 같다.

- 국가사무: 외교, 국방, 사법, 국세 등 국가 존립에 필요한 사무/물가 정책, 금융 정책, 수출입 정책 등 전국적으로 통일적 처리를 요하는 사무/농산물·임산물·축산물·수산물 및 양곡의 수급조절과 수출입 등 전국적 규모의 사무/국가 종합경제개발계획, 국가하천, 국유림, 국토종합개발계획, 지정항만, 고속국도·일반국도, 국립공원 등 등 전국적 규모나 이와 비슷한 규모의 사무/근로 기준, 측량 단위 등 전국적으로 기준을 통일하고 조정해야 할 사무/우편, 철도 등 전국적 규모나 이와 비슷한 규모의 사무/고도의 기술을 요하는 검사·시험·연구, 항공 관리, 기상행정, 원자력 개발 등 지방정부의 기술과 능력으로 감당하기 어려운 사무 등으로 열거하고 있다.

둘째, 국가사무 중 지방정부가 수행하는 사무는 단체위임사무와 기관위임사무로 구분된다.

- 단체위임사무: 지방자치법 제103조 규정에 따라 "사무와 법령에 따라 그 지방정부의 장에게 위임된 사무"를 의미한다.
- 기관위임사무: 지방자치법 제102조, 제104조, 정부조직법 제6조 제1항 등에 근거를 두고 법령 등에 의하여 "국가 또는 상급자치단체

로부터 자치단체의 기관에게 처리를 위임한 사무"이다. 법령 체계에서는 국가사무를 나열하고 법률에서 위임근거를 마련한 후 시행령을 통해 지방정부에 위임한 사무이다.

- 자치사무: 지방자치법 제9조에서 열거하고 있는데, 지방정부의 구역·조직·행정 관리 등에 관한 사무/주민의 복지 증진에 관한 사무(주민복지·노인·전염병·청소 등)/농림·상공업 등 산업진흥에 관한 사무(농업용수시설, 중소기업 육성 등)/지역개발과 주민의 생활환경시설의 설치·관리에 관한 사무/교육·체육·문화·예술의 진흥에 관한 사무(유아원, 도서관, 지방문화재 등)/지역민방위 및 소방에 관한 사무 등이다.

셋째, 시·도 사무와 시·군·구의 사무 구분이다. 이같이 두 가지로 지방정부의 사무를 나누는 기준은 다음과 같다. 구체적 사무 구분은 '지방자치법 시행령 별표[1]'에 적시되어 있다.

- 시·도 사무: 행정처리 결과가 2개 이상의 시·군 및 자치구에 미치는 광역적 사무/시·도 단위로 동일한 기준에 따라 처리되어야 할 성질의 사무/지역적 특성을 살리면서 시·도 단위로 통일성을 유지할 필요가 있는 사무/국가와 시·군 및 자치구 사이의 연락·조정 등의 사무/시·군 및 자치구가 독자적으로 처리하기에 부적당한 사무/2개 이상의 시·군 및 자치구가 공동으로 설치하는 것이 적당하다고 인정되는 규모의 시설을 설치하고 관리하는 사무 등으로 구분

하고 있다.

- 시·군·구 사무: 시·도가 처리하는 것 이외의 사무라고 규정하고 있다.

표 13-1 지방분권촉진위원회 사무배분 기준(원칙)

구분	사무배분 기준(원칙)
국가사무	• 국가존립 유지 사무 • 국가 주요 정책에 필요한 기본계획수립 사무 • 국가적 제도 및 전국적으로 통일된 적용이 요구되는 기준 등 설정사무 • 국가적 차원의 고도의 전문적 지식과 기술이 필요한 사무 • 지방정부의 통합 또는 조정사무 • 기타 국가적 차원의 집행사무
자치사무 (광역)	• 행정처리 결과가 2개 이상의 시·군·구에 미치는 광역적 사무 • 시·도 단위의 동일한 기준(통일성 유지)의 처리 사무 • 국가와 시·군·구 사이의 연락·조정 등의 사무 • 시·군·구가 독자적으로 처리하기에 부적당한 사무 • 2개 이상의 시·군·구가 공동으로 설치하는 것이 적당한 규모의 사무 • 시·도를 대상으로 하는 정책적, 집행적 사무 • 시·도 관할의 시·군·구를 조정/통합/평가하는 사무 • 광역적 규모의 경제하에서 처리하는 것이 효율적인 사무 • 시·군·구별로 배치할 수 없는 광역행정 차원에서 전문적 처리 능력이 요구되거나 처리가 가능한 사무 • 시·군·구별 업무량 차이가 심한 사무 • 주민대응성 측면에서 시도의 행·재정적 지원이 필요한 사무 • 사무의 기능이 전체 시·군·구에 영향을 미치는 사무
자치사무 (기초)	• 국가, 광역자치단체 사무를 제외한 사무 • 시·군·구에 한정적으로 영향을 미치는 사무 • 영향력이 직접 지역 주민에게 미치는 사무 • 시·군·구가 수행하는 것이 경제적이고 효율적인 사무 • 주민편익을 위해 시·군·구에서 행·재정적 지원이 필요한 사무 • 국가와 시·도의 지원이 필요하지 않은 사무 • 자치사무 중에서 시·도의 자치사무로 구분되지 않은 사무

자료: 지방자치발전위원회 내부자료.

표 13-2 지방행정체제개편위원회 사무배분 기준(원칙)

구분	사무배분 기준(원칙)
국가 → 도	• 다수의 사무를 도에서 처리하고 극히 일부의 사무만 국가에서 수행하는 사무(시·도로 일원화) • 행정처리 결과가 2개 이상 시·군·구에 영향을 미치는 사무 • 시·도 단위로 동일한 기준에 따라 처리되어야 할 성질의 사무 • 시·도 단위로 통일성을 유지할 필요가 있는 사무 • 국가와 시·군 사이의 연락·조정사무 • 시·군의 통제와 평가에 관한 사무 • 사무의 기능이 전 시·군에 광범위하게 영향을 미치는 사무 • 시·군별로 배치할 수 없는 전문적 사무 • 광역적 규모의 경제하에서 처리하는 것이 효율적인 사무
국가 → 시·군	• 지방정부의 구역·조직·행정 관리에 관한 사무 • 국가와 시·도의 지원이 필요하지 않은 사무 • 지역개발과 주민생활 환경 시설에 관한 사무 • 시·군에 한정적으로 영향을 미치는 사무 • 시·군이 수행하는 것이 경제적이고 효율적인 사무

자료: 지방자치발전위원회 내부자료.

국가사무와 지방사무를 기능적으로 구분하는 것은 국가 운영의 효율성은 물론 재정 지출의 효율성을 추구하기 위함이다. 위의 설명과 함께 〈표 13-1〉, 〈표 13-2〉, 〈표 13-3〉을 제시하는 것은 중앙정부와 지방사무의 차별성, 그중에서도 특히 시·도 사무와 시·군·구 사무의 차별이 없다는 점을 보여 주기 위해서이다.

결론적으로 말하면, 국가사무는 국가에서 수행하고, 시·도와 시·군·구에 해당하는 사무를 정확히 구분하여 지방정부가 수행하는 것이 바람직하다. 그러나 현실은 그러하지 못하다. 국가 차원에서 종합계획 등 기획조정을 하는 것과 동일하게 시·도 단위는 물론 시·군·구 단위에서조차 기획 기능을 하고 있다. 이러한 행태는 바람직하지도 효율적이지도 않다.

표 13-3 지방정부의 종류별 사무(제8조 관련)

구분	시·도 사무	시·군·구 사무
지방정부의 구역·조직 및 행정 관리 등에 관한 사무	법 제10조 제1항 단서에 따라 시·도와 시·군 및 자치구에 각각 공통된다.	
주민의 복지 증진에 관한 사무	• 주민복지 증진 및 주민보건 향상을 위한 종합계획 수립 및 지원 • 생활보호 실시에 따른 이의신청 심사 • 노인복지사업계획 수립·조정 • 주민건강의 증진에 관한 계획 수립 • 전염병 예방시설 설치 • 재단법인이 설치하는 묘지·화장장 및 납골당의 허가 • 공중접객업소의 위생 개선을 위한 종합계획 수립 • 폐기물 처리 기본계획 수립	• 주민복지 증진사업계획의 수립·시행 • 생활보호대상자 조사·선정 • 노인복지사업계획 수립·시행 • 주민건강증진업무 세부계획 수립 • 전염병 예방접종 실시 • 매장·화장 및 개장신고와 묘적부 관리 • 공중접객업소의 위생개선을 위한 종합지도계획 수립·시행 • 일반폐기물 처리 기본계획 수립
농림·상공업 등 산업진흥에 관한 사무	• 농업용수 개발사업계획 수립·조정 • 농림·축·수산물 생산사업의 지원 • 농기계·비료·농약 등 농업자재의 공급계획·시달 • 도 단위 복합영농사업 세부추진 계획 수립·추진 • 농어촌 소득원 개발 기본계획 수립 • 지역산림계획 작성 • 가축 개량·증식·보호	• 농업용수 개발사업 추진 • 농림·축·수산물 생산 지원 및 관리 지도 • 농기계·비료·농약 등 농업자재의 원활한 공급 관리 • 복합영농기획단 설치·운영 • 농어촌 소득원 개발 시행계획 수립 • 산림경영계획의 인가 및 변경명령 우량종축의 보급
지역개발 및 주민의 생활환경 시설 설치·관리에 관한 사무	• 지역개발사업계획의 수립·조정 • 시·도 건설종합계획의 수립·조정 • 도로관리계획 수립 • 주거생활환경 개선계획 수립·조정 • 농어촌주택개량 기본계획 수립·조정	• 지역개발사업계획의 수립·시행 • 시·군·자치구 건설종합계획의 수립·시행 • 시·군도관리계획 수립·시행 • 주거생활환경 개선실천계획 수립·시행 • 농어촌주택개량 사업계획 수립·시행
교육·체육·문화·예술의 진흥에 관한 사무	• 유아교육시행계획의 수립 • 공립의 고등학교, 고등기술학교, 특수학교와 이에 준하는 각종 학교의 설립·경영	• 유아교육시행계획의 수립 • 공립의 고등학교, 고등기술학교, 특수학교와 이에 준하는 각종 학교의 설립·경영

표 13-3 계속

구분	시·도 사무	시·군·구 사무
• 유치원·초등·중·고등학교 및 이에 준하는 각종 학교의 설치·운영·지도	• 공·사립의 고등학교, 고등기술학교, 특수학교와 이에 준하는 각종 학교의 지휘·감독 • 공공도서관·문고의 설립·운영 • 지방문화예술진흥위원회 설치·운영 • 지방문화 예술단체의 설치·운영 등	• 공·사립의 고등학교, 고등기술학교, 특수학교와 이에 준하는 각종 학교의 지휘·감독 • 공공도서관·문고의 설립·운영 • 향토문화의 발굴·지원·육성 • 지방문화 예술단체의 설치·운영
지역민방위 및 지방소방에 관한 사무	• 시·도 민방위계획의 작성 • 시·도 민방위협의회의 설치 • 민방위대 조직 관리·지도 • 소방기본계획 수립 • 소방관서의 설치와 지휘·감독 • 소방력 기준 설정자료 작성 관리 등	• 시·군·자치구 민방위계획의 작성 • 시·군·자치구 민방위협의 회의 설치 • 직장민방위대의 편성 및 운영 관리 • 민방위대 교육훈련

자료: 지방자치법 시행령(제28576호)[별표1].

일례로 국가 차원에서 추진하는 일자리 사업은, 국가와 광역 및 기초자치단체가 거의 동일한 사무를 동시에 추진하고 있다. 사무의 정확한 구분이 되기 위해서는 중복된 기능(사무)부터 삭제해 나가야 한다. 가장 심각한 것은 광역자치단체와 기초자치단체 사이의 업무 비효율과 중복이다. 국가사무와 지방정부의 사무는 일정 부분 중복이 불가피한 부분도 있다. 그러나 중복을 피할 수 있는 부분도 많다. 일자리 사업은 중앙은 재정만 지원하고, 광역과 기초자치단체는 지방비를 부담하여 사업을 추진하는데 중앙과 지방이 거의 유사한 구조이다. 이에 더해 지방정부의 자체 재원으로 일자리 사업을 추진하는 경우도 많다. 광역거점도시로의 개편 주장은 중복과 비효율을 상당 부분 해소할 수 있을 것이다.

3. 인구소멸과 학령인구 감소에 대비

인구소멸은 피할 수 없는 숙명적인 흐름임에 틀림없다(2023년 기준, 합계출산율 0.78). 이런 상황에서 지방재정 확충 방향으로 재정분권을 논하는 것은 의미가 없다. 앞으로 학령인구 감소 현상은 더욱 심화될 것이기 때문이다. 인구가 감소하면 학령인구도 당연히 감소할 수밖에 없다. 그런데 학령인구 감소에도 불구하고, 최근까지 내국세가 꾸준히 상승하여 지방교육재정교부금은 지속적으로 늘어났다. 게다가 교육 분야에서는 여전히 재정이 부족하다고 주장한다. 과연 현실이 그러한가? 지방 교육청과 일선 학교를 방문해 보면 사실이 아니라는 것을 알 수 있다. 저속하게 표현하면 '쓸데가 없어 고민'인 곳이 더 많다. 한국은 OECD 어느 국가와 비교해도 교육 분야 지출이 낮지 않다. 핵심은 '재원을 제대로 쓸 방안'을 찾는 것이다. 학령인구 감소에 따른 교육재원도 조정이 필요하다. 초등학생 수는 2020년 268만 명에서 2060년 178만 명 수준으로 감소가 예상된다. 중학생 수도 2019년 127만 명에서 2060년 87만 명으로, 고등학생 수도 2022년 121만 명에서 2060년 84만 명으로 감소될 것으로 보인다. 학급당 학생 수는 2010년 대비 2017년에는 유치원 2.0명, 초등학교 4.3명, 중학교 7.4명, 고등학교 5.5명이 감소하여 중·고등학생의 감소 폭이 가장 크다(정성호, 2018).

4. 지방재정과 교육재정 통합(합리적 조정)

교육재정의 책임성을 부여하기 위해 일반지방재정과 교육지방재정의 통합이 필요하다. 재정분권의 핵심인 자율성과 책임성을 담보로 한 건전한 재정 운영을 위해 꼭 필요한 과정이다. 지금까지는 재정분권을 논의하면서 재정 확충에만 관심을 둘 뿐, 두 재정의 통합은 논의되지 않았다. '인구소멸 및 학령인구 감소에 대응하는 재정분권'에 이어, '지방재정과 교육재정이 통합된 재정분권'이라는 과제에 대해서도 논의가 필요하다. 교육자치도 예외일 수 없다. 현재 교육 분야(교육부)에서 주장하는 교육자치는 재정분권과는 거리가 멀다. 교육은 백년지대계(百年之大計)라며 "돈만 주고 간섭은 하지 마라"는 주장은 지방자치도 아니고 재정분권도 아니다.

교육 분야는 지방정부의 고유 기능이다. 지방재정과 교육재정의 통합을 위한 사회적 합의가 필요하다. 외국에서는 교육 기능은 지방정부의 고유 사무이다. 즉, 지방자치단체와 교육자치단체(기능)가 분리 운영되는 사례는 찾아볼 수 없다. 일반지방재정과 교육재정이 구분된 나라는 한국뿐이다. 한국도 지방자치법에는 교육자치를 지방사무로 구분하고 있다. 그러나 현행 교육자치는 17개 교육청 단위(광역)를 포괄범위로 하고, 지방정부와는 별개로 운영되고 있다. 이는 교육만의 자치이지 지방분권 차원의 자치는 아닌 것이다. 부연하면, 재정 지출 중 교육 분야의 자치일 뿐 지방분권적 차원에서 지방정부의 자율성을 전제한 자치는 아니라는 말이다.

지금과 같은 지방자치와 교육행정의 분리는 지방자치제가 도입되면서, 중앙집권적으로 운영되던 교육행정이 지방 교육청 단위로 기능을 이관하는 과정에서 발생한 것이다. 중앙집권적 교육행정이 지방자치제와 부적절한 방식으로 결합하였다. 그 결과 지방교육자치단체의 재정 운영에 책임성은 없고 자율성만 늘어난 상황이 되었다. 이러한 구조적 문제가 잘못된 교육자치를 주장하게 된 근본적 원인이다.

'교육자치'라는 논거로 교육청(교육자치단체)의 자율성만 주장하는 것은 적절치 않다. 교육을 지방사무로 하고 재정 책임성을 어떻게 담보할 것인지에 대해 논의할 필요가 있다. 진정한 의미의 교육자치는 개별 지방정부와 연계해 운영되는 것이다. IMF 등 국제 기준에 의하면 지방재정에 지방교육재정을 포괄하도록 규정하고 있다.

교육자치라는 명분하에 지방자치 일반재정에서 분리되어 운영되는 교육은 효율성은 물론 책임성 측면에서 타당하지 않다. 교육 행·재정을 지방정부로 일원화(통합)하는 것은 장기적 관점에서 재정분권과 궤를 같이해야 한다. 언론을 통해 "교육재정이 부족하다"는 말을 수도 없이 들어왔다. 그런데 교육재정 부족에 대한 한탄은 과연 사실일까? 자세히 들여다보면 사실이 아님을 알 수 있다. 한편에서는 "교육재정교부금 사용은 땅 짚고 헤엄치기"라는 우스갯소리가 돌기도 한다. 게다가 지방정부 스스로가 학교교육 과정 운영을 지원하고 있다. 이 같은 상황은 '헌법'은 물론 「지방교육자치에 관한 법률」에서 명백히 규정하고 있는 입법취지(별도의 거버넌스 체계)에도 위배된다.

광역시·도와 시·군·자치구는 교육비특별회계로의 전출금 이외에도 「지방교육재정교부금법」 제11조 제6항에 근거하여 각급 학교에 교육경비(교육경비보조에 관한 규정 제2조, 시·도는 2007년부터, 시·군·구는 1996년부터)를 보조하고 있다. 한편, 교육부가 일선 학교 등에 특별재정교부금을 지원할 경우, 지방정부에도 지방비 부담(교육부 지침, 특별교부금운용 기준)을 강제해 지방정부의 재정을 압박하는 수단이 된다. 지방정부의 입장에서는 비용 부담만 강요될 뿐 이에 관한 권한은 전무한 실정이다. 그러므로 교육재정이 부족하다는 진단은 사실이 아니다.

5. 재정 지원 없는 권한 위임을 줄여야…

한국에서는 재정 지원 없는 권한 위임(unfunded mandate) 사례를 흔히 볼 수 있다. 중앙정부가 결정한 정책임에도 필요한 재원을 지방정부에 떠넘김으로써 재정 부담을 전가하는 경우가 대표적이다. 지방재정이 열악해진 것도 이와 무관하지 않다. '누리 과정' 시행의 갈등은 하나의 예가 될 수 있다. 중앙정부에서 결정한 정책이지만, 정책의 집행을 위해 지방정부에 재정 부담을 떠넘겼다. 한국의 지방정부들은 감히 엄두를 못 내지만, 미국의 경우라면 기관소송이 진행되었을 것이다.

사무는 지방정부에 이양하지만 재원은 이양하지 않는 것도 마찬가지이다. 재원 없이 일을 위임함으로써 지방재정에 압박을 가하게 된다. 대통령직속 지방자치발전위원회는 2017년까지 '일괄이양법'의 추진과 이양에 따른 재정 부담을 협의하였지만 큰 소득은 없었다. 그러나 2021년 지방6법이 제·개정되었다.

과거 미국에서도 연방정부가 확장적 재정 정책을 펼치면서, 지방정부로의 '재정 지원 없는 권한 위임'이 증가해 사회 문제로 부각된 적이 있다. 연방정부가 정책을 수행하면서 법령을 통해 규제를 하면 지방정부는 이에 따른 비용을 지불해야 하였다. 결국 연방의 추가적인 통제나 다름없었다.

대표적으로 뉴욕주와 연방정부 간 소송(New York v. US)에서 재정 지원 없는 권한 위임에 대한 논쟁이 있었다. 이 문제가 더욱 구체적으로 논의된 것은 미시간주 정부와 던컨학교(Michigan v. Duncan)의 소송이다. 2001년 공교육의 폐해를 해소하는 정책의 일환으로 낙제학생방지 정책(No Child Left Behind Act of 2001)이 마련되었다. 이 정책에 의하면 연방정부로부터 재정 지원을 받는 학교는 주 단위로 학업성취도 평가를 하고, 평가에서 개선된 결과가 없을 시 '부진아 개인지도 프로그램', '우수교사 고용' 등 교육의 질을 높이는 조치가 행해져야 하였다. 그런데 소송에서 폰티악(Pontiac) 학군은「낙제학생방지법」을 이행할 필요가 없다고 주장하며, 그 논거로 연방정부가 충당한 재정 지원을 하지 않았기 때문이라고 밝혔다. 하지만 법원은 불충분한 연방정부의 재정 지원이 이들 위임을 불응할 만한 유효한 사유가 될 수 없다고 판결하였다.

대다수의 재정학자들은 연방정부의 위임 취지에는 동의하지만, 지방정부가 그 정책을 수행하기 위해서는 비용이 수반되기 때문에 그 방식에 대해서는 반대 입장을 취하였다. 1995년 이미 재정재원 없는「권한위임개혁법」(Unfunded Mandate Reform Act)이 제정되기도 하였다.

앞서 지적한 대로 오늘날의 중앙정부는 다양한 복지 서비스를 제공하는데 재정 지원에는 소극적이다 보니 지방정부로서는 재정 부담만 가중된다. 이런 조건에서는 권한이 이양되더라도 지방정부가 권한과 책임을 다하기가 어렵다. 한국의 경우도 중앙정부가 재정 지원 없이 지방정부에 사무를 이양하는 일이 문제가 되고 있다.

권한과 책임을 다하기 위해서는 재정 지원이 필요하다. 현재 지방정부로서는 중앙정부의 재정 지원 없는 권한 위임에 거부할 명분도 없거니와 거부를 한다 해도 상당한 제한이 따른다. 따라서 새로운 관점에서 재정 지원 없는 권한 위임을 근본적으로 해결할 방안을 모색해야 한다.

14

포괄적 부채 관리 (지방정부 부채 관리를 넘어)

1. 포괄적 부채 관리가 답
2. 부채를 줄이기(숨기기) 위해 공기업이나 민간투자사업 추진

1. 포괄적 부채 관리가 답

재정 건전성 강화는 관심사가 되기에 충분하고 의미 있는 의제이다. 우리나라는 전통적으로 광역시·도 위주로 재정이 배분되고 있다. 이 또한 중앙집권적 재정 구조의 부산물이다. 아직도 과거의 관행에서 크게 벗어나지 못한 채 중앙정부가 지방정부에 군림하듯, 광역시·도 또한 기초자치단체 위에 군림한다. 세수 여건 등을 고려해 볼 때 일반적으로 재정 여건이 건실할 것이라 판단되는 광역시·도의 부채가 시·군·자치구보다 오히려 급증하고 있다. 광역시·도 단위의 재정 건전성 악화는 지역경제의 성장과 분배의 걸림돌로 작용할 개연성이 크다. 따라서 재정 지출의 효율성은 높이고 낭비는 줄여야 한다. 다만, 그 과정이 그리 녹록치 않을 것인데, 소위 말해 포괄적 부채 관리 노력이 절실하다.

최근 중앙정부의 채무 증가가 이슈화되고 있는 가운데, 지방정부의 부채 증가도 이와 별반 다르지 않다. 특히, 특·광역시·도 단위의 채무가 크게 증가하고 있다. 더욱 문제는 지방정부의 일반채무도 문제이지만, 산하 공기업의 부채와 민간투자사업(BTO·BTL) 추진 등으로 늘어난 잠재 부채도 문제이다. 이렇듯 지방공기업(예, 도시개발공사, 시설공단 등)을 통한 사업과 민간투자 방식 사업의 지속적 확대 추진은 재정 부담을 가중시킬 가능성이 매우 크다. 특히, 지방공기업의 부채 증가는 지방재정에 부정적 영향을 미칠 우려가 큼에도 지방정부에서 직접 관리 대상 채무로 계상되지 않고 있다. 왜냐하면 국제적 기준(GFS 2001)에서 공기업 부채는 재정 통계에서 제외되기 때문이다. 문제는 공기업의 재정 구조가 자본 중심에서 부채 중심으로 변화되고 있고, 금융성 부채를 중심으로 크게 증가하고 있다는 것이다.

또한 민간자본을 유치하기 위해 도입된 민간투자사업(BTL·BTO)은 실제로는 채무의 성격을 지니고 있지만 지방채무의 범위에서 제외되고 있다. 다만, 기획재정부에서 민간투자사업 실적을 관리하고 있지만 체계적이지는 못한 듯하다. 이에 편승하여 자치단체장들은 재정사업으로 추진해야 할 사업을 BTL 등 민간투자사업 방식으로 추진하고 있어 잠재적 부채는 지속해서 증가하고 있다. 따라서 "지방정부의 재정 건전성을 제고하기 위해 포괄적 부채 관리"가 필요하다.

과거 성남시가 지급유예를 선언한 이래 일부 지방정부가 재정위기단체에 지정되어야 하는 것은 아닌가 하는 등의 논의에 관심이 증폭되었다. 재정 배분 구조의 현실을 감안해 볼 때 재정 여건이 상대적으로 좋은 광역시·도 단위의 재정 건전성이 악화되고 있다는 점은 문제이다. 불과 수년 전, 인천광역시, 태백시 등의 지방정부가 사실상 재정위기단체로 지정되었어야 함에도 정부의 입장은 여전히 답보 상태였다. 재정 건전성을 강화하기 위해 제도 도입을 추진하였지만 기능적 측면에서 볼 때 미온적인 대처에 불과하다. 일례로 과거에 도입되었던 '재정사전위기경보 시스템'이 폐지되었다.

Groves와 Valente(2003)에 의하면 재정 상태는 환경적, 조직적 그리고 재정적 요인 등 종합적 영향요인에 의해 결정된다고 본다. 환경적 요인은 인구, 빈곤층 비율, 재산가치 등 경제적 요소와 연관되며 외부 환경 요인이 재정 상태에 영향을 미친다. 조직적 요인은 관리 방식이나 정책적 과정을 중시하기 때문에 재정 규율을 수립하여 환경 변화 등에 적절히 대응할 수 있어야 한다. 최근까지 정부에서 여러 차례 재정준칙 도입 등에 관한 논의가 있었는데, 이와 같은 맥락으로 이해할 수 있다. 또한 재정적 요인은 수입, 법적 의무 경비 등으로 지방정부의 예산에 영향을 미치는 제약 요인이라 할 수 있다. 함축하면, 재정 상태는 '회계 측면의 현금지불 능력, 예산 측면의 예산지불 능력과 장기지불 능력, 서비스 제공 측면의 서비스 지불 능력이 현저하게 악화하는 상태'로 수지 불균형 등은 재정 압박으로 이어지고, 이에 적절히 대응하지 못하면 지불 능력의 한계에 도달할 수 있다. 재정적 요인 가운데 단기적 측면에서 '현금지불 능력'은 단기 채무에 대한 현금조달 능력을 의미하고, '예산지불 능력'은 회계연도 내 적자를 내지 않고 수입을 창출할 수 있는 것을 의미한다. 또한 장기적 측면에서 연간 예산서상 지출뿐만 아니라 연금 등 장래비용의무를 부담할 수 있는 능력을 의미한다.

산하 공기업으로 부채 떠넘기는 막아야…

지방정부의 재정 건전성 악화도 문제이지만 더욱 문제는 지방정부가 행정자산을 산하 공기업에 증여하여 공기업의 순자산을 증가시킨 후 이에 상응하는 공사채를 발행해 건전성을 악화시켰다는 것이다(인천광역시의 사례). 이처럼 공기업의 남설(濫設)과 공기업을 통한 지방정부의 정치적 개입이 재정 상태 악화의 주범이다. 한편, 공기업의 자율적인 책임경영 미확립과 방만한 재정 운영이 사회적 문제라고 인식된다(박정수, 2011).

우리나라는 2005 회계연도부터 지방재정과 지방교육재정까지 포괄하는 통합재정통계를 활용하고 있다. 하지만 공기업 부채는 재정통계에서 제외되기 때문에 문제 인식에서 도외시되는 경향이 있다. 더욱 문제는 민간투자사업이 지속해서 확대되고 있어 재정 부담 요인으로 작용하고 있음에도 제어할 시스템이 없다는 점이다. 한편, 일본은 기존의 재정분석에서 제외되었던 특별회계, 공기업회계, 외곽 단체까지를 포함하는 종합적인 재정 상황을 검토하고 있다(허명순, 2011). 2016년도부터 행정안전부는 「지방재정법」에 근거하여 '지역통합재정통계'를 산출하고 있다. 하지만 통합재정통계의 기본 맥락을 잘못 이해하고 있는 듯하다. 다시 말해, 지방정부 전체를 총망라하면 되는 것으로 이해하고 있는데, 명확한 준거 기준이 필요해 보인다. 더 나아가 실제로 통합재정통계가 실제로 활용될 수 있도록 정보가 생성되어야 한다.

하수도 정비사업 추진하다 파산 신청?

2011년 미국의 앨라배마주 제퍼슨 카운티는 하수도 정비사업[1] 과정에서 공사비 조달을 위해 30억 달러의 지방채를 발행하여 사업을 진행하였다. 세계 경제침체가 지속하면서 지방채 금리가 크게 치솟게 되고 결국 이에 따른 지불비용 증가가 파산(chapter 9) 신청의 근본 이유였다. 이렇듯 민간투자사업으로 인한 잠재적 파산은 우리나라도 예외는 아닐 것이다. 따라서 공기업을 활용한 재정사업 추진(일종의 부채 전가, 재정 착각의 요인), 무분별한 BTL 사업 추진을 제어할 시스템이 필요하다는 점을 시

1 현재 우리나라 지방정부들이 공통적으로 '하수관거정비사업'을 추진하고 있는데, BTL 방식으로 추진되고 있다.

사하고 있다.

지방정부의 포괄적 부채 관리는 거시재정 관점에서 지방정부 내부예산 범위(일반회계, 기금회계, 기타특별회계, 지방공기업특별회계)에 산하 공기업(SH공사 등)의 부채와 민간투자사업으로 인한 부채를 포괄하여 관리해야 한다는 것이다. 이렇듯 포괄적 부채 관리가 필요한 근본적인 이유는, 지방정부(예, 인천시)가 도시공사로 하여금 자치단체의 사업을 떠맡아 추진하게 하기도 하고, 무리한 사업비 차입을 위해 수익처분이 불가능한 행정재산을 지방공사에 편법 현물 출자하여 도시공사의 순자산을 부풀려 그만큼 공사채를 더 발행하기도 했기 때문이다. 또한 대부분의 지방정부가 재정사업으로 추진해야 할 사업을 민간투자사업 방식으로 추진하여 잠재적 부채를 증가시키고 있다. 다시 말해, 지방정부의 부채가 한도(또는 임계치)에 도달하면 지방채 발행이 제한받게 된다. 이때 지방정부는 지방공기업을 활용한 사업 추진(민간투자사업 포함)을 하게 된다. 예컨대, 지방정부 내부예산 범위의 제한이 가해지면 산하 공기업을 활용한 사업 추진과 민간투자사업을 추진한다는 것이다. 또 다른 하나의 경로는 지방공기업의 부채마저 주의(400% 초과) 기준에 해당하면 민간투자사업 방식으로 사업을 추진할 수밖에 없다. 왜냐하면 지방정부가 지방채를 발행하지 않아도 되고 부채로도 계산되지 않기 때문에 자치단체장은 일거양득인 셈이다.

인천광역시, 용인시 등에서 지방재정, 공기업, 그리고 민간투자사업 간 관계 측면에서 이미 부정적 사례가 목격되고 있음에도 이를 제어하기 위한 대안은 제한적이다. 그러한 가운데 기존의 재정 위기 사전경보 시스템은 폐지하고, 재정주의단체와 재정위기단체 및 긴급재정관리단체 지정을 규정하였는데, 이러한 제도를 도입하면 건전재정이 구현될 수 있다는 근시안적 통념에 기초하고 있다. 일종의 외적 정당성만 추구한 것에 불과하다. 즉, 제도의 도입이 만병통치약은 아님을 간과해서는 안된다. 최근 들어 자율재정의 규모가 큰 광역시·도의 부채 관리가 중요하게 인식되고 있다. 이미 설명한 바와 같이 지방정부의 일반채무 관리는 다소 한계를 드러내고, 산하 지방공기업의 부채는 지방재정에 부정적 영향을 미칠 개연성이 큼에도 직접적인 관리 대상 채무가 아니므로 적절한 관리가 되지 않고 있다. 더욱이 재정사업으로 추진해야 할 BTO·BTL 사업이 지속해서 추진되고 있어 부채가 많이 늘어나고 있다. 그럼에도 대부분 지방정부들은 민간투자사업을 관행으로 여기고 있다는 점은 문제로 여겨진다.

2. 부채를 줄이기(숨기기) 위해 공기업이나 민간투자사업 추진

지방정부의 일반채무가 증가할수록 공기업을 활용하거나 민간투자사업 방식을 활용하기 때문에 잠재적 부채는 지속해서 증가할 가능성이 크다. 또한 공기업의 부채가 증가할수록 민간투자사업으로 인한 잠재부채가 증가하기 때문에 부채 증가의 경로(일반채무→공기업 부채, 일반채무→민간투자사업의 부채, 공기업 부채→민간투자사업의 부채)를 차단할 필요가 있다(Jeong, 2018). 첫째, 광역시·도의 일반채무 증가 요인을 줄여나가야 할 것이다. 이를 위해 지방채 발행 예외조항의 한계를 극복해야 하고, 일반채무의 규모에 따른 공기업 부채를 제한하는 것과 투·융자 심사를 강화하고 사업별 실명제를 도입할 필요가 있다(정성호, 2013). 둘째, 산하 지방공기업의 체계적인 부채 관리가 필요하다. 도시공사 내부의 방만한 경영을 제어하기 위한 제반 조치와 지방정부가 우월한 지위를 이용하여 사업비를 부당 전가하거나 편법 현물출자, 목적 외 사용 등에 관한 행정안전부 등의 지속적인 지도·감독·감사가 요구된다. 셋째, 민간투자사업으로 인한 잠재적 부채 관리가 시급하다. 특히, 재정사업으로 추진해야 할 자본투자 사업들이 BTL 등으로 추진되고 있는데, 이는 근본적으로 채무로 인식하지 않기 때문에 지방채를 발행하지 않고서도 사업을 쉽게 추진할 수 있기 때문이다. 따라서 BTO와 BTL 사업을 부채에 산입하는 조치는 물론 공기업 부채를 기준으로 하여 민간투자사업 규모를 제한하는 것도 하나의 대안일 것이다.

이제 지방정부의 부채도 그리 안심할 수 없다. 일부의 시각이지만 중앙정부에 비해 지방정부는 비교적 안정권에 있다고 한다. 그 말도 그리 틀린 말은 아니다. 하지만 지방정부들이 재정사업을 추진하기 위해 산하 공기업을 지속적으로 활용하고 있고, 더 나아가 비교적 통제가 적은 민간투자사업을 지속적으로 확대하고 있다는 점은 경계할 필요가 있다. 왜냐하면 지방정부에서는 조세가격 기능이 전혀 작동하지 않기 때문이다.

15

시스템 망국에서 탈피

1. 무분별한 재정 관리 시스템 구축
2. 토건 국가의 문제가 시스템 구축에 고스란히 녹여져…
3. 1, 2차 LADI에서 AIA 채택 및 폐기 과정

지금 이 순간에도 그 어디선가에서는 행·재정 관리 시스템이 새롭게 구축되고 있다. 꼭 그렇지가 않다면 그 어디선가에서는 차세대란 이름으로 시스템이 구축되고 있을 것이다. 그런데 자세히 들여다보면, 기존의 시스템과 별반 차이가 없다는 것을 이내 알 수 있다. 그냥 차세대란 이름(허울)만 있을 뿐이다.

1. 무분별한 재정 관리 시스템 구축

시스템 구축이 문제해결에 기여?

정부는 다양한 이유(예, 부정수급, 회계부정 등)에 근거하여 재정 관리 시스템[1]을 구축하고 있다. 시스템 구축의 명분이자 원래 목적을 달성하려면 부정수급은 막을 수 있어야 한다. 지금도 부정수급 문제를 이야기하고 있는 것을 보면 시스템의 문제는 아닌 듯하다. 한 가지 화두를 던지면, 행·재정 관리 시스템만 구축하면 문제가 해결되는가? 그 답은 '아니오'가 정확한 답변일 것이다. 업무효율화 측면도 있을 것이지만, 지방정부의 경우 일부 시스템(LOBAS 등)은 편의성 등의 문제로 아예 사용조차 하지 않고 있는 실정이다. 어찌 보면 정부는 현안 문제에 대응하고 있다는 외적 정당성만 추구하고 있는 것인지도 모른다.

시스템 망국이라 할 수 있다

한국은 시스템 강국인가? 시스템 망국인가? 저자의 견해로는 시스템 망국(亡國)에 아주 가깝다. 정부는 전자적으로 업무를 처리하기 위해, 또는 전자적으로 업무 방식을 새롭게 하기 위해 행·재정 관리 시스템을 구축하여 활용한다. 정부의 시스템 구축·활용은 두 가지 관점에서 특이한

1 여기서 시스템이란 재정 관리 시스템을 의미한다. 지방정부가 활용하는 대표적 시스템은 e-호조$^{+}$, 행정정보 관리 시스템(광역 포털), 새올(기초 포털), LOBAS(지방공기업 포털), 지방세 시스템 등이며 아주 다양하다. 국고보조금 통합 관리 시스템(e나라도움)이 있음에도 지방보조금 관리 시스템(보탬e)을 개발하였다. 이것이야말로 아무리 생각해 보아도 이해할 수 없는 부분이다.

점이 있다. 첫째는 모든 시스템에 적용되는 매우 발달된 일반법 체계를 갖추고 있다는 점이고, 둘째는 개별 시스템 구축을 위한 법률 규정이 많다는 점이다.

정부 행·재정 관리 시스템에 관한 일반법은 「국가정보화 기본법」과 「전자정부법」이 있다. 국방 분야는 별도의 「국방정보화 기반조성 및 국방정보자원 관리에 관한 법률」이 있다. 생각해 보면, 정부의 업무수행 방식 자체가 '법률'의 규율 대상이 된 경우는 많지 않다. 근대 국가에서 법률은 한 사회의 종합된 의사라고 할 수 있다. 정부가 어떤 방식으로 업무를 수행할지에 대한 원칙과 이를 구현하는 권한과 절차를 별도의 법률로 정한 예는 「청탁금지법」이나 「정부광고법」 정도를 들 수 있다. 전자는 정부가 부정한 청탁의 영향을 받지 말아야 한다는 취지를 담고 있고, 후자는 정부가 광고에 돈을 너무 함부로 쓴다는 반성을 담고 있다.

곰곰이 생각해 보면, 정부가 업무를 처리할 때 효율적으로 하여야 한다거나, 투명하게 하여야 한다는 등의 업무 '방식' 자체를 별도의 법률을 정한 예는 대단히 드물다. 물론 정부의 회계책임성(설명책임), 투명성을 제고하기 위해 「공공기록물관리법」이나 「정보공개법」이 있다. 행정에게 요구되는 '공정성', '투명성', '신뢰성'을 위해 모든 행정에 대해 공통적인 사항을 정한 「행정절차법」이 있지만, 이 법률들은 모두 정부가 국민과의 관계에서 책임과 의무를 담보하는 법률들이라고 할 수 있다. 이처럼 정부의 업무 방식을 정하는 법률 자체가 많지 않고, 설령 있더라도 국민을 위한 책무를 담보하기 위한 법률인 반면, 정부가 행·재정 관리 시스템을 구축하는 것에 관한 일반법인 「국가정보화 기본법」과 「전자정부법」은 정부 스스로가 시스템을 만들어 쓰는 근거로서의 성격이 강하다. 정부가 세종청사에 공기청정기를 들여놓으려고 법률을 만들지는 않는다. 정부가 사용하는 설비, 기자재를 조달하여 사용하는 일반법에 이미 절차와 원칙이 있어서 이를 적용할 대상이 바뀔 뿐이다. '행·재정 관리 시스템'은 다르다. 여기서는 정부가 좋은 행·재정 관리 시스템을 구축하고 연계하고 고도화하기 위한 별도의 법률들이 있는 것이다.

여기서 잠깐

왜 시스템 망국이라 할 수 있나?

행·재정 관리 시스템만 구축하면 모든 것이 해결되나? 이는 어불성설이다. 그도 그런 것이 지방정부에서 세금 횡령 사건이 발생하면 시스템을 만들어 이를 막겠다고 한다. 2000년대 초반 부천시에서 세금 횡령 사건이 발생하였다. 그래서 부천시가 e-호조의 이전 버전인 LADI 시스템 시범구축 단체로 선정되었는지는 모르겠으나 하여간 시범사업의 대상이 된다. 시스템 구축(e-호조가 됨) 후 몇 년이 지나지 않아 여수에서 또 다른 횡령 사고가 발생하고 말았다. 문제가 생기면 시스템을 만들었을 뿐 그 시스템의 효과(과대 포장된 측면이 적지 않음)는 그리 중요하게 여기지 않았다. 이러한 행태가 지금도 만연한 실정이다(국가나 지방이나 동일). 이쯤되면 시스템 망국이라 해도 크게 무리가 없다.

2. 토건 국가의 문제가 시스템 구축에 고스란히 녹여져…

국가 정보화 초기, 전자정부 사업 초기를 생각해 보면, 이른바 강력한 '추진 체계'가 필요하였다고 할 수 있다. 정보화나 정부의 전자화가 낯설 때는 그랬을 것이다. 시스템은 민간의 정보까지 다루기 때문에 법률이 필요하다고 할 수 있다. 법적으로는 민간의 정보를 시스템으로 다루든 종이로 다루든 정부와 민간의 개인정보 활용 관계가 본질적 문제이지 '시스템'이라는 방식의 문제와는 구분된다. 이러한 배경과 맞물려 시스템을 새로 구축하기 위해 다양한 영역의 법률에서 '○○장관은 ○○를 하기 위해 정보 시스템을 구축·운영할 수 있다' 또는 '… 하여야 한다'와 같은 조문을 흔히 볼 수 있다. 여기에는 무언가 이상한 점이 있다. 생각해 보면 법률에서 정부에게 무언가 하라고 할 때, '필요한 건물을 지어야 한다'거나 '필요한 책상도 갖추어 써야 한다'와 같은 조문을 굳이 쓰지 않는다. 그렇지만 '시스템'은 별도의 조문을 두는 것이 오히려 일반적이다. 정부의 '시스템'에 관한 이런 특이한 법 제도의 모습과 겹쳐지는 것이 이른바 '토건 국가' 문제이다. 토목·건설과 그 경제적 효과 자체는 가치 중립적이다. 토건이 '한강의 기적'에서 뺄 수 없는 역사적 경험인 것도 사실이다. 문제는 토건을 활용한 경제성장 정책의 기조가 경제 구조의 질을 간과한 것이다. 공적 단위 결정 대비 정부 예산 부담 비율이 상대적으로 매우 큰 '공사'가 해당 결정 권한을 가진 공무원에게 권력이 되고 권력은 곧 유혹이 되었던 역사적 경험이 문제가 된다.

'행·재정 관리 시스템 구축·활용'을 위한 수많은 법률적 노력은 이와 같은 토건 경제의 방식을 반복하려는 무의식의 반로가 아닌지 싶은 것이다. 더욱 우려되는 이유는 경제사에서 토건 경제의 이른바 '거품'이 얼마나 위험한 것인지를 되새길수록 눈에 보이지 않지만 비슷한 방식으로 정부 재원을 쏟아 붓고 있는 시스템 '공사(구축)'의 현장이 더욱 위태롭게 보이기 때문이다. 결국 정부는 일부 이해관계자 또는 민간 시스템 구축 업체에 포획된 것이나 마찬가지이다.

민간업체가 공공 부문 데이터를 관리해도 되나?

또 한 가지 생각해 볼 문제는 민간 업체가 정부의 공공 데이터를 관리해도 되나? 이게 정말 문제인가? 아니면 그 반대로 괜찮은가? ○○○이라는 ERP가 조달청을 통해 공공 부문에 조달되고 있다. 이는 공무원의 무지에서 비롯된 처사이다. 기존의 시스템을 잘만 활용하면 충분함에도 불구하고 별 관심이 없어서 벌어진 결과이다. 하나의 시스템을 만들더라도 잘 만들어서 연계 활용하면 된다. 하지만 근시안적 처방으로 구축된 개별 시스템이 난무하고 있다. 지금도 어디선가에서는 행·재정 관리 시스템을 구축해야 한다(아니면 차세대를 추진해야)고 주장하고 있고, 또 우후죽순 구축되고 있는 것이 현실이다.

과업지시서와 별개인 시스템 구축

이제 하나의 사례를 통해 반면교사해 보자. 과거 LADI(e-호조의 전신) 개발 과정에서 활동정보회계(AIA)가 도입되었다. 지금 정부가 주장하고 있는 직접법 방식의 현금흐름표를 시스템에서 산출이 가능한 회계처리 방식이다. 엄청난 성과(부가가치)가 있었음에도 이내 사장되어, 과거의 방식인 '차변 및 대변'으로 회귀하고 말았다. 그래서 성과 관리 및 원가 관리는 요원해졌다. 그런데 정부는 시스템을 통한 성과 관리, 원가 관리가 가능하다고 혹세무민하고 있다. 기가 찰 노릇이다. 한국은 IMF 위기를 경험하면서 재정 개혁[2]의 일환으로 발생주의 회계 기준을 도입하고, 발생주의 회계정보를 관리하기 위해 재정 관리 시스템(이하, e-호조)을 구축하였다. 특히, e-호조 개발(구축) 당시 직접법 현금흐름표 작성은 법률에 규정되었다. 구축 후 시범운영 당시에는 e-호조에서 직접법 현금흐름표 작성이 가능하였다. e-호조에서 직접법 현금흐름표 작성은 세계적으로 찬사를 받기에 충분하였다.[3] 이는 AIA 원리를 채택한 결과이다. AIA 원리는 기존의 '차변 : 대변'의 분개 논리에 기초한 계정과목 입력 방식이 아니라 '활동 : 자원'의 활동정보회계 원리에 기초한 활동입력 방식이다. 활동기록의 또 다른 이점은 활동기준원가(activity based costing: ABC) 산출이 가능하다.

아이러니하면서 비극적이게도 2단계 사업 추진 과정에서 정부(현 행정안전부), 재정 관리 시스템 구축기업 및 일부 회계학자의 지대추구로 직접법 현금흐름표 구현 기능은 사장되고 말았다.[4] 아울러 행정활동원가(ABC)

---

2 재정 개혁의 전반은 Jeong and Kang(2019)을 참고하라.

3 최초 직접법 방식의 로직 설계는 서원교인데, 그는 당시 AIA에 관한 국제특허를 여러 개 갖고 있었다. 복식부기 대안 원리로 AIA 원리는 복잡하고 힘든 분개를 거치지 않아도 시스템이 자동으로 처리해 주며, 실시간으로 회계정보를 분석·파악할 수 있다(서원교, 2008).

4 이와 관련해 오랜 기간 법적 다툼이 있었으나, 결국은 진실이 승리하였다.

그림 15-1 활동을 바라보는 두 가지 시각

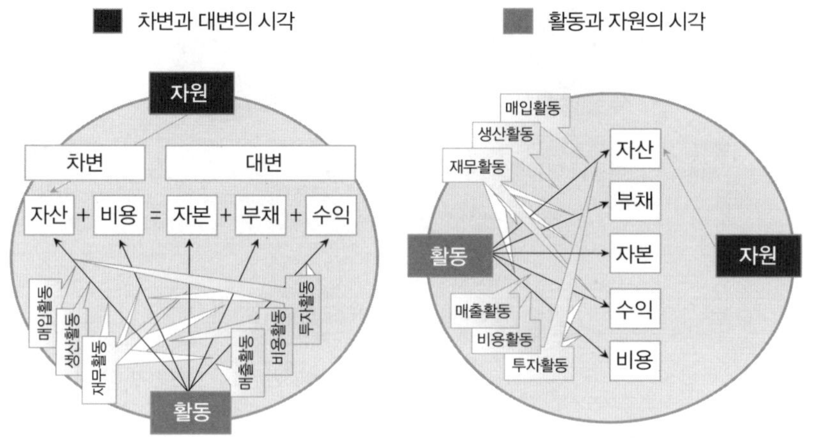

자료: 서원교(2013).

계산 기능마저 삭제되고 말았다. 함축하면, 이해관계자들의 지대추구(또는 포획이론)[5]로 인해 엄청난 국가적 자산이 될 수 있었던 AIA 원리를 채택한 LADI(local government accrual accounting and double-entry information)가 자동분개 시스템을 채택한 LADI로 둔갑하게 되었다. 따라서 현재까지 회계지식이 없는 공무원이 불필요한 분개교육(차변 및 대변)에 시간을 낭비하고 있다.

AIA 원리는 발생하는 모든 활동에는 그에 상응하는 자원의 유입(또는

5 지대추구(rent seeking)란 정부가 선별적 허가나 정책에 의해 인위적으로 만들어 내는 독점 또는 배타적 이익(지대)을 얻기 위해 개인이나 기업이 정부에 대해 행하는 로비 활동으로 인한 낭비적 자원을 말한다. 포획이론(capture theory)은 정부가 특정 집단(주로 이익집단)에 사로 잡히는데, 뇌물이 아니라 전문성이나 정보에 포획되는 것이다.

그림 15-2 활동의 발생과 자원의 증감 대응

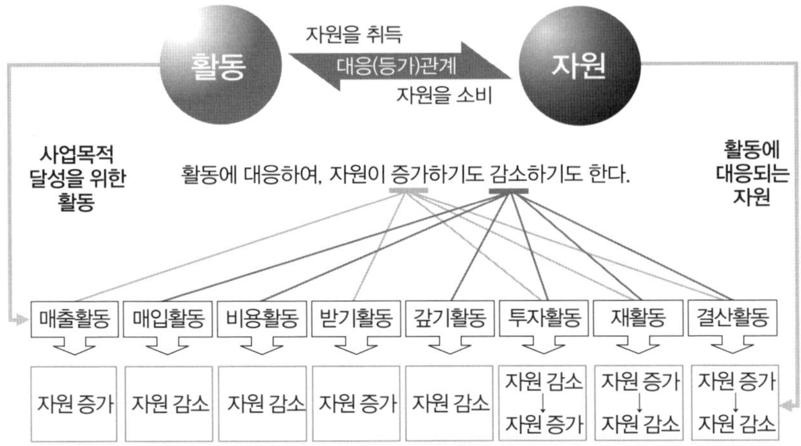

자료: 서원교(2013).

유출)이 동반된다는 점에 기초하여 '활동 : 자원'의 대응원리에 의해 활동을 기록하는 방식이다. 활동에는 그에 대응되는 자원이 있다. 즉, 구입활동을 수행하면 그에 대응하는 자원을 유출하여야 하고(자원의 감소), 매출활동을 수행하면 그에 상응하는 자원이 유입된다(자원의 증가). 또한 투자 활동을 수행하면 그에 대응되는 자원을 유출하여야 하고(자원의 감소), 차입활동을 수행하면 그에 대응되는 자원이 유입된다(자원의 증가).

활동이 발생하는 시점에 담당자가 '자산=부채+자본'의 등식과 활동에 해당하는 계정과목들을 차변과 대변의 해당되는 위치에 귀속시키는 것을 생각하기는 쉽지 않다. 반대로 어떤 활동을 수행하였고 그 활동에 대가로서 어떤 자원이 얼마나 증가(또는 감소)하였는지 생각하는 것은 그리 어렵지 않다. 이렇듯 AIA 원리는 차변 및 대변의 원리 등 특별한 공식을 숙

그림 15-3 활동과 자원 기록을 통한 회계보고서 작성

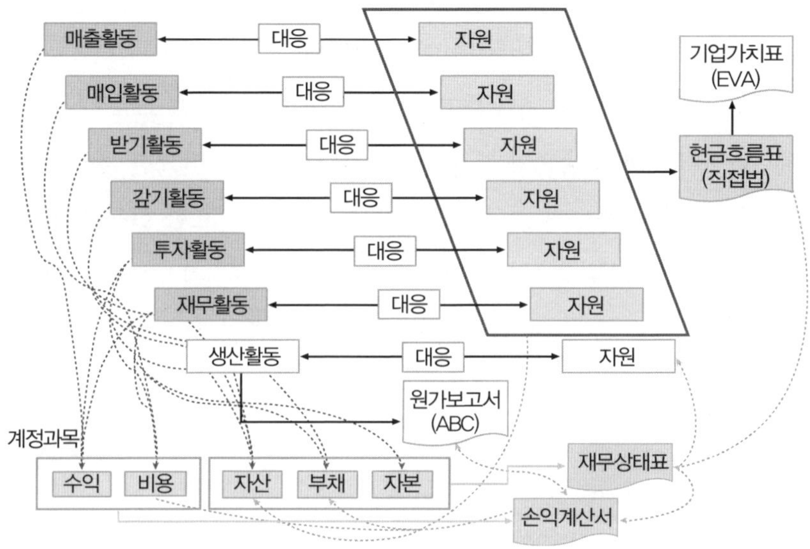

주: 재무상태표는 재정상태표를 의미하고, 손익계산서는 재정운영표를 의미함.
자료: 서원교(2013).

지하거나 원리를 학습할 필요가 없다. 특히, AIA 원리를 재정 관리 시스템에 구현한다면 담당자가 자신이 수행한 활동을 직접 회계처리할 수 있다. AIA 원리는 활동의 8요소라고 부르기도 한다. 활동의 8요소는 분개원리의 거래 8요소와 유사하지만, 계정의 기록은 차변 및 대변에 고정하지 않고, 활동을 중심으로 하여 이에 활동 및 계정에 해당하는 계정과목을 매칭시킨다. 거래는 외부 경영조직을 상대로 수행하는 외부 활동이다. 그럼에도 분개원리의 거래 8요소는 거래의 명칭이 전혀 나타나지 않으며 단지 계정의 증감의 짝짓기에 불과하다. 엄밀히 말해, '거래의 8요소'는 '계정증감

대응의 8요소'라 표현하는 것이 더 정확하다. 진정한 의미에서 거래의 8요소라 하려면 거래(활동)에 나타나 있으며 활동이 중심이 되어 구성된 AIA 원리에 의한 활동의 8요소가 되어야 할 것이다.

AIA 원리에 기초하여 활동을 기록할 경우, 활동의 8요소로 매칭이 된다. 즉, 활동에 재정상태표와 재정운영표 작성을 위해 필요한 계정과목을 매칭시킬 수 있다. 아울러 현금흐름표 작성을 위해 필요한 현금흐름 항목은 물론 현금주의 기준의 세입세출결산서 작성을 위해 필요한 예산과목과 매칭시킬 수 있다. 즉, AIA 원리를 적용한 재정 관리 시스템은 계정과목을 사용하여 작성되는 재정상태표와 재정운영표뿐만 아니라 현금흐름 활동을 사용하여 작성되는 현금흐름표와 예산과목을 사용하여 작성되는 세입세출결산서도 작성할 수 있다.

3. 1, 2차 LADI에서 AIA 채택 및 폐기 과정

1차·2차 시스템 용역사업 과정에서 AIA의 적용과 폐기에 관한 일련의 과정을 설명하고자 한다. 종전의 지방재정 관리 시스템 명칭은 'e-호조'라 명명하였지만, 1, 2차 용역 개발 당시 시스템의 명칭은 LADI이다.[6]

6 여기서는 논외로 하지만, 3차 용역사업의 명칭은 DAIS(Double-entry bookkeeping Accounting Information System)이다.

1차 용역

1차 용역은 AIA 원리를 채택하여 LADI를 개발하였다. 1차 용역을 마친 후 주무부처인 행정자치부(현 행정안전부)에 보고한 용역결과보고서는 다음과 같이 설명하고 있다.

- 예산의 전 과정(편성, 집행, 결산)의 자동처리;
  - 경영 및 재정분석정보의 제공: 재정상태표, 재정운영표 및 현금흐름표 등 재무제표의 자동출력
- 현행 예산업무 흐름을 활동정보화하여 단식부기에 의한 결산정보와 복식부기에 의한 결산정보를 동시에 수행;
  - 전산 프로그램에 의거 활동정보화하여 처리함으로써 단식·복식부기의 제반 정보 및 자료제공 가능
  - 현행 제도의 연장선상에서 전산을 구축하여 기존 개발운영 중인 예산 프로그램과 상호 호환성 유지
- 기존 재정보조적 시스템과 호환성 확보 및 전국 확산, 국가재정과 연계에 대비하여 확장성이 크고 수정이 용이;
  - 기존의 지방세, 세외수입 등 개별 운용 프로그램의 접목 가능
  - 표준화 작업 과정에서 프로그램의 수정·보완 가능
  - 주요 데이터를 엑셀(excel) 자료로 생성하여 활용 가능
- 프로그램의 단순화로 사용자의 편의성 제공 등을 위해 활동정보회계(AIA) 채택

아울러 LADI의 시스템적 특징은 다음과 같다.

- 활동정보회계 방식에 의해 현행 예산업무 흐름을 활동정보화하여 예산결산과 복식부기 회계결산을 동시에 수행
- 각 실과소에서 수행한 업무를 그대로 기록함으로 인해 추가적인 업무 부담 최소화
- 세출예산거래의 회계처리는 예산의 집행에 대한 검수·검사 활동정보, 지출활동 정보의 입력을 통해 자동으로 예산결산 및 회계결산 동시처리
- 세입예산거래의 회계처리는 지방세와 세외수입의 징수 및 수납자료를 수입연계 시스템을 통한 수입활동 변환처리에 의해 자동으로 예산결산 및 회계결산 동시처리

2차 용역

2차 용역과업지시서는 1차 용역이 종료될 무렵인 2001년 3월에 작성되었는데, 내용은 다음과 같다.

- 현 활동분류의 실무 적합성 확인 및 시스템의 추가 분석과 업그레이드;
  - 예산 중심(산출기초 중심)으로 분류된 선행 연구용역에서 활동분류가 현업의 실제 활동과 일치하는지를 확인하고 시스템 수정·보완

- 시스템 사용 공무원의 의견수렴 및 반영;
  - 시스템 사용 공무원의 의견을 수렴하여 실용성, 타당성, 접근의 용이성, 처리속도 등에 대하여 지속적 보완
- 행정 서비스별 개별 원가계산을 위한 활동분석과 피드백;
  - LADI의 실제 적용을 통하여 원가 시스템을 운용하기 위해 필요한 활동원가 연산요소인 활동, 자원, 활동 동인 및 자원 동인을 일선 공무원에게 적용을 통해 요구사항 반영 및 업그레이드
  - 회계별 행정 서비스별 원가계산단위의 분류
  - 활동별 원가계산을 위한 자원과 활동의 대응관계 분석
  - 행정 서비스별 원가계산을 위한 활동과 행정 서비스의 대응관계 분석
  - 활동원가와 행정 서비스별 원가의 시범적용과 피드백

이렇듯 2차 용역의 과업지시서는 1차 용역에서 개발된 시스템을 두고 이에 대해 실무 적용을 통한 검증 과정을 거쳐 보완하는 것이 주된 임무였다. 아이러니하게 2002년 2월 돌연 2차 용역을 위한 컨소시엄 3사는 "1차 용역에서 AIA를 사용하지 않았고 향후 이와 관련된 활동, 자원, AIA라는 용어를 없애고 관리과목에 의한 자동분개 방식으로 프로그램을 정상화하기로 한다"라는 말도 안되는 발표로 1차 용역의 모든 것을 뒤집어 버리고 말았다. 1차 용역에서 2차 용역으로 변경되는 과정에서 회계처리 방법의 명칭변경(자동분개 방식으로), 활동의 등록·수정·삭제 관련 프로그램의 삭제, 원가 시스템의 삭제 등으로 과거로 회귀하고 말았다.

1차 용역에서 개발된 복식부기 시스템(LADI)은 회계전문지식이 부족한 공무원들이 특별한 교육 없이도 바로 사용할 수 있고, 한 번의 입력으로 복식부기 회계보고서(재정상태표와 재정운영표), 세입세출결산서, 직접법 현금흐름표, 성과분석에 필요한 활동기준원가(ABC)가 제공되는 등 세계에서 유래 없는 성과를 만들어 낸 기념비적 시스템이라고 평가할 수 있다. 우선은 공무원들에게는 편의성을 제공하고, 국가적으로는 신뢰할 수 있는 회계정보의 산출, 회계 시스템 산업의 건전한 발전의 토대를 만들 수 있었으며, 이를 확산하여 국제적으로 활용 가능한 유일무이한 시스템이 될 수 있었다. 하지만 일부 이해관계자들의 지대추구(또는 포획이론)로 과거로 다시 표류한 시스템이 되고 말았다. 어떻게 자동분개 방식으로 회귀하였는지 지금이라도 그 이유를 철저하게 규명할 필요가 있다.

이 시스템의 명칭은 e-호조이고, 총 구축비용은 259억 원, 운영 시작연도는 2007년이며, 연평균 유지보수비는 71억 원에 달한다. 현재는 e-호조+로 업그레이드되었다.

지금과 별반 다르지 않은 차세대 행·재정 관리 시스템

지방정부가 활용하고 있는 e-호조+와 지방 교육청과 일선 학교에서 활용하고 있는 K-Edufine 등이 있다. 그런데 곰곰이 생각해 볼 지점은 새롭게 구축된 이 두 시스템이 기존의 시스템과 무엇이 다른지 확인해 볼 필요가 있다. 무분별하게 추진한 차세대 사업이 타당성이 있었는지는 의문이다. 아울러 심각하게 고민해 볼 지점은 지방정부의 절반이 왜 LOBAS(상·하수도 등 직영기업)를 활용하지 않을까? 지방정부의 절반이 이 시스템을 활용하지 않고 있음에도 매년 십 수억의 유지보수비가 들어간다. 이는 정부 예산이 허투루 쓰이는 것과는 달리 그냥 낭비되는 것이다. 어처구니가 없는 현상으로 이러한 사실을 행정안전부가 모를 리 없다.

과업지시서와 상호대사가 무엇보다 중요

국가 차원에서 시스템 구축과 관련하여 애초의 과업지시서와 최종 납품된 시스템의 철저한 상호대사 과정이 절실하다. 저자의 견해로는 과업지시서와 아주 다르거나, 아예 로직조차 구성되지 않은 사례가 적지 않다(예, 2004년 정부 과업지시서에 재정 관리 시스템 간 연계가 제시되어 있음). 중앙부처도 이를 알고 있지만 성급하게 시스템을 가동하려는 의도로 이를 애써 묵인하게 된다. 시스템 구축은 엄청난 비용이 수반되기 때문에 감사원, 기획재정부 등에서 사전심사(몇 년 전 차세대 e-호조 구축 관련 예비타당성조사에서, 과연 조사기관이 전문성을 겸비하고 있는지도 의문임)를 강화하고, 사후적으로 과업지시서와 납품된 시스템의 상호대사 과정을 통해 일치 여부를 반드시 검증할 필요가 있다. 이러한 노력이 적어도 시스템 망국에서 벗어나는 지름길이라 하겠다. 중앙정부(미국의 OMB, 우리나라의 경우 기획재정부) 차원에서 무분별한 시스템 구축을 규제하기 위해 미국의 IT Dashboard를 참고할 필요가 있다.

미국 OMB 산하 IT Dashboard

IT Dashboard는 2009년 오바마 정부의 열린정부지침(open government directive)에 기초하여 연방정부의 IT 사업 정보를 공개하기 위해 구현되었

■ **그림 15-4** IT Dashboard 체계

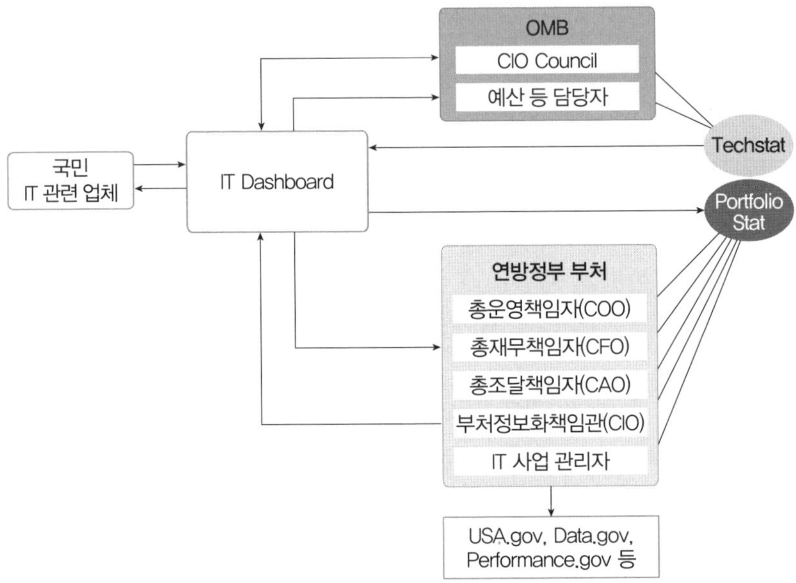

다. IT Dashboard는 연방정부 등 IT 관련 산업계, 일반국민이 연방정부의 IT 사업의 세부내역을 볼 수 있도록 구축한 웹사이트이다. 특히, IT 사업에 대안 투자를 쉽게 알려 주고(투명성), 지속적 모니터링을 통해 불필요한 IT 사업에 대안 투자를 최소화(효율성)할 수 있도록 해 준다.

한편, 과거 일정 기간 동안 연방정부 전체 또는 특정 부처의 IT 투자 흐름, 운영 및 유지보수 등 IT 사업 속성별 투자 비중, 특정회계연고 IT 투자요약(총금액, 비용 및 일정, major/non major IT 사업 비중), 방법론 적용, 전체 IT 사업 목록 및 특정 IT 사업의 상세내역(투자, 위험도, 성과 등)을 제공해 준다.

▌그림 15-5 IT Dashboard

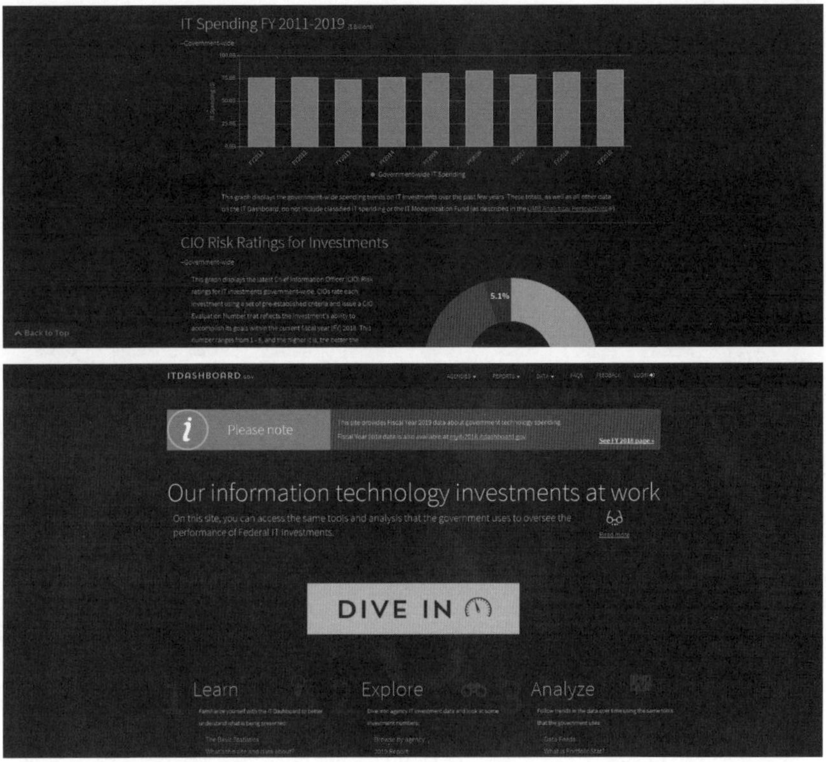

IT Dashboard에 관해 간략히 소개하면 다음과 같다.

상단에 있는 기능을 살펴보면, AGENCIES는 연방정부 부처별 IT 투자사업에 관한 상세 검색이 가능하다. 총 26개 부처, 투자 추이, 사업속성별 비중 및 IT 사업내역 정보를 제공한다. REPORTS는 부처별 IT 투자절감 내역 및 연방정부의 관점에서 투자절감 및 효율화 내역 등을 제시한다. DATA는 다양한 속성의 데이터 셋을 부처별 또는 사용자가 원하는 포맷

그림 15-6 전체 IT 분야 투자 규모

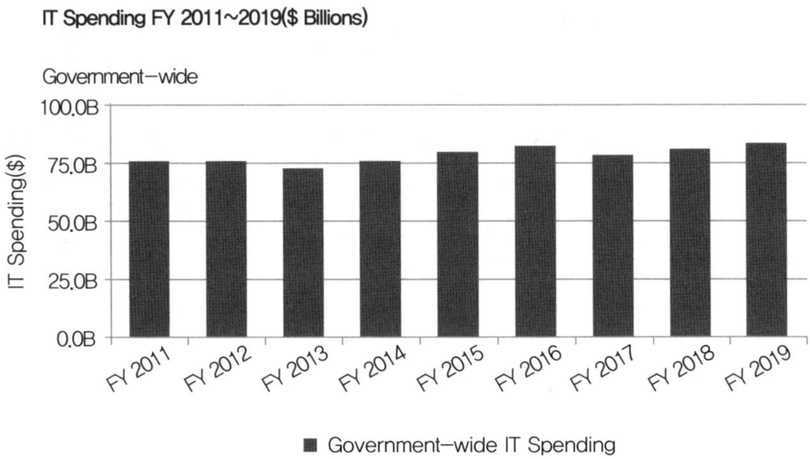

This graph displays the government-wide spending trends on IT investments over the past few years. These totals, as well as all other data on the IT Dashboard, do not include classified IT spending or the IT Mordenization Fund (as described in the OMB Analytical Perspectives)

으로 다운로드가 가능하도록 제공한다. FAQS는 사이트 전반에 관한 설명이며, Feedback은 부처별 IT 투자 등에 관해 일반국민은 물론 IT 관련 산업체가 의견을 제시한다.

하단에 있는 기능을 살펴보면, Learn은 대시보스의 기능과 서비스 속성에 관한 이해도를 높이기 위한 설명이고, Explore는 연방정부 부처별 IT 투자사업의 상세정보를 검색할 수 있으며, Analyze는 연방정부가 활용하는 툴을 이용하여 분석이 가능하며, 각 데이터의 시계열 정보 분석이 가능하다.

이러한 기능 중 일부를 예시로 제시하면 다음과 같다.

■ **그림 15-7** 국방 IT 분야 투자 규모

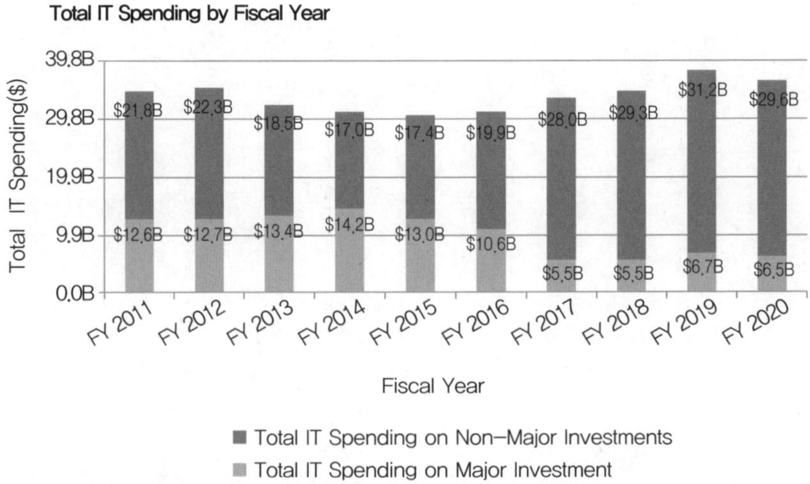

■ **그림 15-8** 리스크 분류

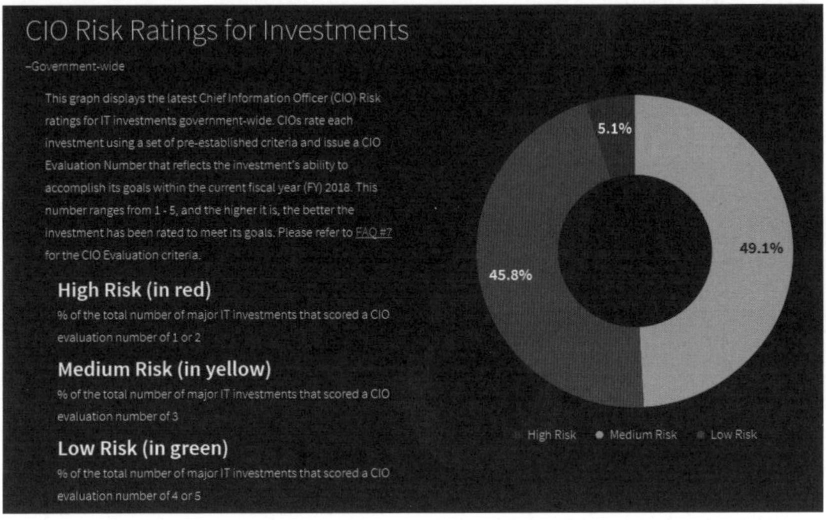

그림 15-9 26개 연방부처(일부)

그림 15-10 연계 시스템(Date.gov, Performance.gov 등)

무분별하게 시스템을 구축하고 있는 우리나라의 현실과는 사뭇 다르다는 것을 알 수 있다. 정보공개 주무 부처인 행정안전부에서조차 미국과

같은 IT 사업투자에 관한 인식을 갖고 있는지 의심이 든다. 하루빨리 시스템 망국에서 벗어나야 한다.

맺으며

1. 지방재정 위기, 어떻게 볼 것인가?

2. 무엇이 문제인가?

3. 어떻게 할 것인가?

1. 지방재정 위기, 어떻게 볼 것인가?

거버넌스 실패(또는 부재), 도덕적 해이에서 비롯

지방재정 위기는 다분히 거버넌스 실패(또는 부재) (중앙정부의 탓, 중앙정부+지방정부의 합작품)로 인식할 수 있다. 즉, 중앙집권적 재정 구조의 폐해가 그대로 드러난다. 아울러 연성예산 제약에 따른 도덕적 해이가 근본적인 위기 요인으로 작용하고 있다. 지방정부의 파산은 없다고 안일하게 인식한 나머지 무분별한 사업을 추진하고 있다. 일반적으로 무분별한 사업(치적 쌓기용)은 득표 극대화를 위한 수단이며, 이는 지역구 국회의원과 지방정부 장의 합작품일 경우가 많다. 애초에 하지 말았어야 할 사업을 추진하는 경우가 허다하다. 국고보조금 사업이니 무조건 하고 본다. 이후 운영은 물론 유지보수비는 생각할 겨를이 없다. 재정 위기 상태에 직면해도 해당 지방정부 장은 책임을 지지도, 묻지도 않는다. 지방의회가 이를 견제해야 함에도 불구하고 이해관계자(토호세력)이고, 별다른 관심이 없다. 시민단체들의 합리적 판단이 요구되지만, 이들마저 지대추구에서 자유롭지 못하다.

재정분권이 강조되고 있는 현실에서 무엇보다 책임성과 자율성을 가장 중요한 덕목으로 삼아야 한다. 우선적으로 연성예산 제약에서 탈피해야 한다. 대안으로 온전한 지방자치(재정자립도 80% 이상 지방정부 또는 지방교부세 불교부 단체), 제한적 지방자치(재정자립도 30% 이하 지방정부)로 구분하여 재정분권을 구체화할 필요가 있다. 아울러 도덕적 해이에서 벗어나기 위한 노력으로 거버넌스 체제를 강화해야 할 것이다. 즉, 지방정부의 주체적 역할(재정 책임성)이 더욱 강조되고, 의회, 시민(시민사회)과 상호 협력하는 상호작용적 거버넌스 노력이 필요할 것이다.

2. 무엇이 문제인가?

국고보조금 등 의존재원이 부채로

우리나라는 전통적으로 중앙정부로부터 재정이 이전되기 때문에 지방정부들이 합리적 운영을 저해할 개연성이 크다. 즉, 지방정부들은 중앙정부로부터 많은 보조금과 교부세 확보에 사활을 걸고 있다. 문제는 광역시·도 단위(예산의 규모가 큰 지자체 포함)로 재정이 배분되어 재정 여건이 건실하리라 판단되는 광역자치단체들의 부채가 급증하고 있어 이에 대한 관리가 절실하다. 즉, 포괄적 부채 관리가 필요하다.

- 지자체 재정분석 및 재정공시 시 지방공사·공단 및 제3섹터 채무도 포함하도록 「지방재정법」을 개정할 필요가 있다. 현행 지방재정 분석과 재정공시는 일반회계, 특별회계, 공기업특별회계만을 포함하고 있다. 상당수의 자치단체에서는 지방공사나 공단을 통하여 사업성이 낮은 사업을 수행하느라 대규모의 부채를 떠안고 있어 자치단체의 재정 건전성 악화에 일조하고 있다. 이들 공사·공단의 채무는 현행 재정분석과 재정공시에 포함하고 있지 않아 지방재정 건전성을 파악하는 데 제한이 될 뿐

아니라 정확한 정보를 제공하지 못하고 있다. 향후 지방재정법을 개정하여 이들 부채와 BTL·BTO 사업 등에 대한 현황도 공개하여야 할 것이다. 현재 지방재정법에 기초하여 지역통합재정통계를 공개하고 있는데, 왜 공개하는지와 같은 구체적인 질문이 있어야 한다. 모든 것을 공개한다고 능사는 아니다.

유형자산(개발사업) 투자가 부채로

복지사업에 투자할 것인가, 개발사업에 투자할 것인가는 진행 중인 딜레마이다. 우리나라는 후자에 치중하고 있는 것이 사실이다. 지방정부의 유형자산은 일반유형자산, 주민편의시설, 사회기반시설 투자로 구분할 수 있다. 우리나라 지방재정 위기와 연관되는 투자는 호화청사와 연관되는 일반유형자산과 사회기반시설을 총칭하는 사회기반시설 투자가 부채에 많은 영향을 미치고 있다. 특히, 사회기반시설의 투자가 총부채 증가에 영향을 미치고, 일반유형자산 투자가 장기차입부채에 영향을 미친다. 따라서 사회기반시설 등의 투자 시 사업승인 주민투표제도의 도입을 고려할 필요가 있다.

무분별한 민간투자사업이 지방재정을 멍들게

적절한 통제없이 무분별하게 추진 중인 민간투자사업은 치명적인 문제이다. 근본적으로 예산 외 사업으로 부채로 인식되지 않기 때문에 지속해서 증가할 가능성이 크다. 하지만 민간투자사업 방식을 활용한 사업 추진은 일반적으로 재정사업으로 추진할 때보다 훨씬 많은 비용이 들어가

기 때문에 지방재정에는 크게 도움이 되지 않는다. 최근 광주광역시가 민간투자사업으로 인한 재정낭비를 줄이기 위한 대응은 아주 의미 있는 일이다. 대안으로 '인수' 또는 '재협상'이 가능하도록 제도를 개선할 필요가 있을 것이다.

- 일부 민간투자사업(BTL·BTO)은 시정부가 최소운영수입(minimum revenue guarantee: MRG)을 보장한 나머지의 업자들이나 비용투자 분석기관에 의해 투자 수요분석이 허황되게 부풀려져, 민자사업들이 혈세를 먹는 하마가 되고 있음을 감안하여, 모든 민간투자사업에 대한 면밀한 비용-편익 분석이 필요하고, 고의적으로 과다하게 비용-편익 수치를 부풀린 단체나 개인에 대해 사후에 책임을 물어야 하는 등 방안을 강구하는 것이 필요하다.

또한 중립적이고 합리적인 위원회의 운영을 위해 민간투자사업 위원회도 외부 전문가들이 2/3가 넘게 구성하는 것이 필요하고 이들에게 각 사업별 심사를 위해 충분한 시간을 제공하는 것이 필요하다. 더불어 재정사업은 가능하면 민자사업보다는 자치단체에서 추진하는 것이 공익성의 원칙에도 맞다. 민간투자사업은 정부의 초기 건설비 부담을 줄여주지만 지방정부가 사업자에게 국채수익률+α를 제공해야 하기에 지방정부 재정에 부담이 된다.

늘어만 가는 지방보조금

지방정부는 국고보조사업을 추진하는 가운데 재정 건전성이 악화된다. 이러한 가운데 지방정부는 또 지방보조금을 줄이지 못해(관행) 재정이 더욱 취약해진다. 이른바 이중고를 겪고 있다. 즉, 국고보조금 확보에 더해 지방보조금을 활용해 치적 쌓기(선거용)를 하는 것에 불과하다.

3. 어떻게 할 것인가?

거버넌스 체계 개선

지방공사의 부채 증가는 정치인과 관료에 의한 낭비적·확장적 재정 낭비가 주범이라는 점이다. 즉, 방만한 내부 경영이 가장 큰 문제로 인식된다. 더욱이 지방정부 장들이 사업승인권, 임원선임권 등 우월적 지위를 이용하여 예산사업을 부담해야 할 사업비를 공기업에 전가하고 있다. 이러한 제반 행태는 거버넌스 위기 관점에서 접근할 필요가 있다. 다시 말해, 거버넌스 체제를 강화할 필요가 있다.

- 지방공사, 공단 등 제3섹터에 대한 개혁조치들로는 지방공기업 사업의 전면적 재검토, 지방공기업 독립성 및 경영전문성 확립, 철저한 사업 관리·채무 관리, 현실성 있는 지방공기업 평가 시스템 구축, 지방공기업의 형식적인 경영공시 방법 개선, 지방공기업이 설립하거나 참여한 SPC(special purpose company, 특수법인)

의 사업·재정 내역 공개장치 및 의회에 의한 통제장치 마련, 그리고 공공 서비스료 현실화 등의 개혁조치가 선행되어야 할 것이다.

도덕적 해이에서 탈피

중앙정부의 정책, 경제 위기 대응을 위한 세출 증가 등의 요인을 배제할 수 없지만 무엇보다 더 사업 구조와 제도의 문제를 포함하여 지방정부의 도덕적 해이를 적절히 통제할 수 있어야 한다. 지자체장들의 치적 쌓기용 사업은 지역구 국회의원과 합작품이다. 선거에서 이기기 위해 애초에 하지 말았어야 할 사업을 추진한 것이다, 시민들이 이를 인지하고 단순 지대추구에 현혹되어서는 안된다. 아울러 미래 지향적으로 지방보조금을 줄여나가야 한다.

지방정부 부채 관리를 넘어 포괄적 부채 관리

이미 설명한 바와 같이 광역시·도 단위의 부채가 급격하게 증가하고 있다. 광역시·도들은 일반채무가 급증하고 있음에 더하여 산하 공기업을 통해 재정사업을 추진하고 있어 부채 수준이 심각하다. 따라서 일반채무, 공기업 부채, 민간투자사업 등의 포괄적 부채 관리가 필요하다. 무분별한 사업 추진을 제어하기 위한 사업승인 주민투표제를 활용할 필요가 있다. 또한 외국의 재정 위기 사례의 구체적 특징을 파악하여 재정 위기로부터 반면교사할 필요가 있다.

- 사업승인(공채 발행) 주민투표제도는 직접 재정민주주의(direct fiscal democracy)를 완성하여 정치인들이 선심성 사업이나 비효율적인 사업을 시도하는 것을 원칙적으로 방지할 수 있다. 우리나라의 지방자치단체도 일반공채 이용과 연결된 사업승인 주민투표제도가 존재하였더라면 무분별한 투자사업을 방지할 수 있었고 현재와 같이 막대한 부채를 떠안게 되지 않았을 것으로 추정된다.
- 재정 사정이 어려운 지방정부들은 너나 할 것 없이 모두 중앙정부에 도움을 요청하고 있어서 연성예산 제약(soft budget constraints)이 발생할 위험이 있다. 그러나 중앙정부의 필수경비에 대한 교부세 및 국고보조금 지원은 재정 위기를 불러온 지방정부 장은 물론 단체장을 적절하게 견제하지 못하였던 지방의회 그리고 이들을 최종적으로 감시하는 데 실패한 지역 주민들에게 책임을 먼저 물은 다음에 이루어져야 할 것이다.

파탄 지경에 이른 지방정부에 대한 국가재정의 지원은 불가피하지만, 이는 지역 주민들이 재정 공유재(fiscal commons)를 착취하고 지역의 부담을 전국으로 수출하는 것과 같은 효과를 갖게 된다. 따라서 지역에 책임을 먼저 묻는 것을 내용으로 하는 중앙정부의 신뢰할 만한 약속(credible commitment)이 중앙과 지방 간 재정 관계에서 지켜질 때, 비로소 지방재정의 도덕적 해이를 방지할 수 있다는 점에서, 재정 파탄을 초래한 지방정부와 관계자들에 대한 엄격한 문책이 있어야 할 것이다.

기업의 돈벌이 수단으로 전락하고 만 시스템 망국병에서 하루 빨리 벗어나야…

한국은 시스템 강국인가? 시스템 망국인가? 적어도 과거 20년 전에도 시스템 강국이라 할 수 있었다. 하지만 현재도 시스템 강국이라 말할 수 있는지는 의문이다. 오히려 망국에 가깝다. 매번 이슈가 발생하면 외적 정당성만 추구할 뿐 그리 비용 대비 효율적이지도 않는 행·재정 관리 시스템을 계속해서 구축하고 있는 것이다. 시스템이 오래되어 노후화되었으니 새롭게 구축해야 한다는 웃픈 논거가 작동되고 있는 것이다. 실질보다는 하드웨어만 업그레이드한 채 일반국민이 알아 듣기에 좋은 말 잔치로 현혹하고 있다. 이른바 토건족이 벌이는 행태와 거의 유사하다. 또한 때만 되면 차세대 시스템 구축을 주장하는데 구체적으로 무엇이 변화되었는지, 또 어떻게 변화될지를 정확하게 답하지 못한다. 패턴 또한 기이하다. 즉, 중앙정부가 시스템을 구축하고 나면 여지없이 지방정부도 동일한 시스템을 구축한다. 일례로, 국고보조금 통합 관리 시스템(e나라도움)만으로도 국고보조금과 지방보조금을 통합해 체계적으로 관리할 수 있다. 그런데도 행정안전부는 기어이 지방보조금 관리 시스템(보탬e)을 구축하고야 말았다. 누가 보아도 무분별한 시스템 구축에 불과한데도 말이다. 만약 미국 OMB의 'IT Dashboard'와 같은 조직이 심사를 하였다면 100% 불가라는 결론에 도달하였을 것이다. 'IT Dashboard'를 설치해 시스템 망국의 발상에서 하루빨리 탈피하는 구조로 변모해 나가야 한다. 이제 기획재정부가 나서야 할 때인 듯하다.

지방자치인가? 교육자치인가?

지방자치와 교육자치가 분리 운영됨으로 인해 문제가 발생하는데, 통합 운영을 고려할 필요가 있다. 지방자치는 헌법 제117조와 제118조에 의해 지역 특성을 반영한 자율적 정책 수립과 실행을 보장받아야 하지만, 높은 중앙정부 재정 의존도로 인해 자율성이 제한되고 있다. 반면, 교육자치는 헌법 제31조 제6항에 따라 독립적으로 운영되나, 학령인구 감소에도 불구하고 내국세에 고정된 지방교육재정교부금 배분으로 인해 예산의 과잉 또는 비효율 문제가 발생하고 있다.

특히, 교육재정은 효과적으로 사용되지 못하고, 매년 이월금 증가와 같은 문제가 드러나고 있다. 이는 지역 주민의 요구와 학습자 개개인의 교육받을 권리를 제대로 반영하지 못하는 구조적 한계를 드러낸다. 교육받을 권리는 헌법에 보장된 기본권으로, 모든 사람이 양질의 교육을 받을 수 있도록 보장되어야 한다. 따라서 지방자치와 교육자치를 통합하여 정책과 재정의 중복을 제거하고, 주민의 요구 그리고 헌법에 규정된 교육받을 권리를 중심으로 효율적인 행정을 구축해야 한다는 점을 강조하였다. 통합된 구조는 지방정부의 자율성을 높이는 동시에 지역발전과 교육 기회의 형평성을 제고하는 데 기여할 것이다.

부단체장 임명 권한도 이제는 돌려주어야…

부단체장 임명권이 중앙정부에 귀속되어 있는 현행 지방정부 부단체장 임명의 구조적 문제는 시급히 개선해야 한다. 즉, 행정안전부 공무원의 광역자치단체 부단체장(교육부 공무원의 부교육감) 임명은 지방정부를 중앙정부의 정책 집행 도구로 전락하게 만든 것이다. 그 결과, 주민의 요구보다 국가적 목표가 우선시되는 일이 빈번하게 발생한다. 2022년 구리시는 자체적으로 부단체장을 임명하려 하였으나, 행정안전부와 경기도가 이를 법적 근거를 들어 거부하였다. 이는 지방정부의 자율성 강화가 제도적으로 억제되고 있음을 보여 주는 사례이다. 이러한 문제를 해결하기 위해 부단체장 임명권을 지방정부에 이양하고, 주민 중심의 정책 수립과 실행이 가능하도록 해야 한다. 부단체장 임명권의 지방정부로의 이양은 지방자치의 본질을 회복하고, 지역 주민의 삶을 개선하는 데 핵심적인 역할을 할 것이다. 이러한 변화는 지방자치의 이상을 실현하고 지방의 지속 가능한 발전을 촉진할 것으로 기대된다.

재정 기능을 통합하고 연성적 예산제약을 벗어나야…

연성예산 제약은 지방정부가 재정적 자율성을 잃고 중앙정부의 재정 지원에 의존하게 되는 구조적 문제를 야기하였다. 이를 해결하기 위해, 기획재정부는 기획과 예산 기능을 분리하고, 미국의 OMB(Office of Management and Budget) 체계의 도입을 제안한다. OMB는 연방정부의 예산 수립과 관리 기능을 중앙집권적으로 운영하되, 재정의 효율성과 책임성을 동시에 강화하는 데 중점을 둔다. 또 지방자치(또는 분권)의 가장 큰 장애물로 작용하고 있는 부처가 행정안전부와 교육부인만큼, 이들 지방재정 관리 기능을 기획재정부로 통합해야 한다. 이를 통해 중복된 재정 관리와 정책 간 비효율성을 제거하고, 책임성 있는 재정분권을 구현할 수 있다. 행정안전부의 지방교부세 및 국고보조금 관리, 교육부의 교육재정 기능을 기획재정부로 일원화함으로써 재정 운영의 투명성과 통일성을 강화할 수 있다.

대구·경북 통합, 어떻게 할 것인가?

대구·경북 통합 의제가 매스컴을 통해 알려지고 있는데, 돌다리를 두드리면서 진행해 나가야 한다. 대구·경북 통합은 단순한 행정구역 조정이 아니다. 잘못된 방식으로 추진된다면, 기존의 문제를 해결하기는커녕 오히려 새로운 혼란을 불러올 수 있다. 통합을 추진하는 이유가 지역의 경쟁력을 높이고 행정의 효율성을 강화하기 위한 것이라면, 현재와 같은 지방행정 구조를 그대로 유지하는 방식으로는 절대 성공할 수 없다.

우선, 가장 중요한 문제는 단체장의 역할이다. 지금 대구에는 대구시장이, 경상북도에는 경북도지사가 있다. 만약 두 지역이 하나로 합쳐진다면, 이 두 자리를 그대로 유지하는 것이 과연 타당할까? 행정적으로 보면, 하나의 광역자치단체를 두 명의 단체장이 나누어 운영하는 것은 말이 되지 않는다. 그렇게 되면 정책의 방향이 충돌하고, 불필요한 정치적 갈등이 발생할 가능성이 크다.

그렇다면 어떻게 해야 할까? 답은 간단하다. 하나의 광역단체장이 모든 행정을 총괄하는 구조로 가야 한다. 지금까지 논의된 내용을 종합해 보면, '대구·경북 특별광역시장'(가칭)을 선출하는 것이 가장 합리적인 방안이다. 이렇게 되면, 지역 전체를 하나의 큰 단위로 묶어 행정적 일관성을 유지할 수 있고, 정책 집행 속도도 빨라진다.

하지만 광역단체장이 하나로 통합되더라도, 기존의 지방의회 구조를 그대로 유지하는 것은 또 다른 문제를 야기할 수 있다. 현재 대구에는 광역의회(대구시의회)와 각 구·군 단위의 기초의회가 있고, 경북에는 경상북도의회와 23개 시·군의 기초의회가 있다. 통합이 이루어진다면, 이렇게 많은 의회를 모두 유지하는 것이 과연 합리적일까?

대구·경북이 하나의 광역단체로 묶이면, 더 이상 기초의회가 필요하지 않다는 것이 현실적인 판단이다. 기초의회는 원래 지방정부(시·군·구)의 운영을 감시하고 견제하는 역할을 하지만, 광역단체로 통합되면 기초의회의 기능은 상당 부분 축소될 수밖에 없다. 그리고 기초의회를 유지하면 행정적 중복이 발생하면서 불필요한 운영비용이 늘어나고, 정책 집행 과정이 비효율적으로 변할 가능성이 크다.

그렇다면 기초의회를 폐지하면 그 기능을 어떻게 보완할 수 있을까? 가장 현실적인 대안은 광역의회 내에 '지역별 상임위원회'를 두는 것이다. 즉, 포항·구미·안동 등 주요 권역별로 상임위원회를 구성하여 지역별 정책을 조정하도록 하는 방식이다. 이렇게 하면, 기존 기초의회의 역할을 대체하면서도 불필요한 행정 중복을 줄일 수 있다.

기초의회를 폐지하면 또 하나의 문제가 발생할 수 있다. 바로 주민들의 의견이 정책에 제대로 반영되지 않을 가능성이 있다는 점이다. 지금까지는 기초의회를 통해 지역 주민들의 목소리를 전달할 수 있었지만, 기초의회가 사라지면 이 역할을 어떻게 보완할 것인가? 이를 해결하기 위해서는 주민들이 직접 정책에 참여할 수 있는 방안을 강화해야 한다. 예를 들면, 주민자치회를 활성화하거나, 주민발의 조례제정권을 확대하는 방식이 있다. 주민들이 직접 정책을 제안하고 의결 과정에 참여할 수 있도록 하면, 기초의회 폐지로 인한 부작용을 최소화할 수 있다.

의회 개편과 함께 반드시 고려해야 할 또 다른 문제는 선거 제도이다. 현재 지방선거는 대부분 소선거구제로 운영된다. 즉, 한 선거구에서 한 명의 대표만 선출하는 방식이다. 하지만 대구·경북이 통합된 이후에도 이 방식을 그대로 유지하는 것은 적절하지 않다.

소선거구제의 가장 큰 문제는 특정 정당이 지역을 독점할 가능성이 높다는 점이다. 또한 정치적 다양성이 부족하고, 경쟁이 제한될 수밖에 없다. 그렇기 때문에 대구·경북 통합 이후에는 중·대선거구제를 도입하는 것이 더 바람직하다. 한 선거구에서 두 명 이상을 선출하는 방식으로 바꾸면, 보다 다양한 정치세력이 경쟁할 수 있는 기회가 열리고, 특정 정당이 독점하는 구조를 완화할 수 있다.

행정 개편과 의회 개편이 이루어지면, 기존의 행정구역도 조정해야 한다. 현재 대구는 7개 구와 2개 군으로 이루어져 있고, 경북은 23개의 시·군으로 구성되어 있다. 하지만 인구 감소로 인해 행정구역을 그대로 유지하는 것이 점점 어려워지고 있다. 예를 들어, 영양, 청송, 봉화 등 인구가 적은 지역은 하나의 행정 단위로 통합하는 것이 더 효율적일 수 있다.

마지막으로, 재정 문제도 고려해야 한다. 대구와 경북의 재정 격차를 해소하기 위해서는 통합 이후 균형 발전을 위한 재정 지원 제도가 마련되어야 한다. 국비 지원을 확대하고, 특정 지역이 소외되지 않도록 재정 조정을 해야 한다.

결국, 대구·경북 통합이 성공하기 위해서는 단순히 행정구역을 하나로 묶는 것이 아니라, 행정 구조, 지방의회 운영 방식, 선거 제도, 재정 운영 방식까지 전반적으로 개혁하는 것이 필요하다. 기초의회를 유지하고, 기존의 지방자치 체계를 그대로 두는 방식으로는 통합의 효과를 극대화할 수 없다.

대구·경북이 통합된다는 것은 단순히 '하나로 합친다'는 의미가 아니라, 보다 효율적이고 미래지향적인 지방자치 모델을 구축하는 기회가 되어야 한다. 그리고 이를 위해서는 기초의회 폐지, 단일 광역단체장 체제 도입, 중·대선거구제 개편, 행정구역 재조정, 재정 균형 발전 대책 마련이 필수적이다.

이러한 개혁이 이루어진다면, 대구·경북 통합은 단순한 행정구역 조정이 아니라 대한민국 지방자치의 새로운 모델이 될 수 있을 것이다.

특별자치도가 답인가

특별자치도는 지방분권을 강화하고 지역 특성에 맞는 정책을 추진할 수 있도록 설계된 제도이지만, 실제로 그것이 지방자치의 최선의 해결책인지에 대한 논의는 계속되고 있다. 현재는 제주특별자치도, 세종특별자치시, 강원특별자치도, 전북특별자치도가 운영되고 있으며, 이들 지역은 다른 광역자치단체보다 더 많은 행정적·재정적 자율권을 가지고 있다. 그러나 특별자치도가 도입된 이후에도 중앙정부의 영향력은 여전하고, 지역별 재정 격차나 정책 추진의 자율성 부족 문제는 해결되지 않았다. 그렇다면 특별자치도는 지방자치 발전을 위한 필수적인 모델인가, 아니면 또 다른 행정적 실험에 불과한가?

제주특별자치도의 경우 관광산업을 중심으로 한 경제 발전을 도모하였지만, 산업 다변화에는 한계를 보이고 있다. 세종특별자치시는 행정중심복합도시로 개발되었지만, 정부 부처 이전 이후에도 자립적인 경제권 형성이 어려운 상황이다. 강원특별자치도는 친환경 개발과 관광산업을 강조하고 있지만, 지역경제의 구조적 한계를 넘어서지 못하고 있다. 전북특별자치도 역시 농업과 바이오산업 중심으로 발전을 도모하고 있으나 기존 경제 기반이 취약하여 실질적인 효과를 보기는 어렵다. 이러한 사례들을 고려하면, 특별자치도가 단순히 행정적 명칭 변경이나 일부 권한 부여만으로 지방자치를 발전시키는 효과적인 방안인지에 대한 의문이 제기된다.

특별자치도의 가장 큰 문제는 재정적 자립이 어렵다는 점이다. 일반 광역자치단체와 비교할 때 특별자치도는 일부 세금을 독립적으로 징수할 수 있지만, 여전히 지방교부세 및 국고보조금 의존도가 높다. 이는 실질적인 지방자치가 아니라 중앙정부의 재정 지원에 기대어 운영되는 또 다른 형태의 중앙집권 구조일 뿐이다. 또한 정책 자율성의 한계도 크다. 특별자치도로 지정되었다고 해도 법률적 규제나 중앙정부 승인 절차에서 자유롭지 않으며, 지역별 특성에 맞는 정책을 독립적으로 추진하기가 어렵다. 이로 인해 특별자치도의 운영 방식은 결국 중앙정부의 정책 기조를 따를 수밖에 없고, 지방정부의 독립적 정책 추진 능력은 여전히 제한적일 수밖에 없다.

국제적인 사례를 보면, 독일의 주 정부는 자체 입법권과 재정권을 갖고 있으며, 재정 조정 제도를 통해 지역 간 불균형을 조절하고 있다. 미국의 주 정부는 연방정부와 협력하면서도 독립적인 세금 징수 및 법률 제정권을 유지하고 있으며, 일본의 도도부현 체계도 중앙정부와의 협력 속에서 지방정부의 권한을 강화하고 있다. 반면, 한국의 특별자치도는 일본 모델과 유사하지만 실질적인 재정적 자율성과 입법권이 부족하여 독일이나 미국의 주 정부와 같은 강한 지방자치를 실현하기는 어렵다. 결국 한국의 특별자치도는 명목상으로는 지방분권을 표방하지만, 실질적인 자율권이 미흡한 구조적인 한계를 가진다.

특별자치도를 확대하는 것이 지방자치를 강화하는 해법이 될 수 있을까? 현실적으로 보면, 특별자치도를 확대하기보다는 모든 광역자치단체에 동일한 수준의 행정·재정 자율권을 부여하는 방향이 더 효과적일 수 있다. 현재 지방소득세나 지방소비세가 국세와 연동되어 있어 지방정부의 실질적인 재정 운영이 어려운 만큼, 이를 독립적으로 운영할 수 있도록 개편할 필요가 있다. 또한 지방정부의 입법권을 확대하여 지역 특성에 맞는 법률을 자체적으로 제정할 수 있도록 보장해야 한다. 중앙정부와 지방정부 간의 협력 구조도 재정비하여 특별자치도와 일반 광역자치단체 간의 불균형을 해소할 필요가 있다.

결국 특별자치도는 지방분권을 위한 하나의 실험적 모델이지만, 그것이 지방자치의 근본적인 해결책이 될 수는 없다. 지방의 발전을 위해서는 특정 지역에만 특별한 지위를 부여하는 방식이 아니라, 전국적인 지방분권 개혁이 필요하다. 특별자치도를 확대하기보다 모든 광역자치단체가 실질적인 행정·재정 자율권을 가질 수 있도록 법과 제도를 개편하는 것이 보다 현실적인 대안이다. 중앙정부의 통제에서 벗어나 지방정부가 독립적으로 정책을 결정하고 운영할 수 있는 구조를 만들어야만, 진정한 지방자치가 실현될 수 있다.

참고문헌

감사원(2011a), 〈지방공기업 개발사업 추진실태〉, 감사 결과 발표 전문.

______(2011b), 〈지방재정 건전성 진단·점검〉, 감사 결과 발표 전문.

______(2012), 〈지역토착비리 등 공직기강 점검〉, 감사 결과 발표 전문.

국가재정운용계획지원단(2021), 《2021~2025 국가재정운용계획 지원보고서: 학령인구 감소에 따른 교육재정효율화》.

건설교통부(2006), 《민간투자백서》.

국회예산정책처(2010a), 《지방자치단체 재정난의 원인과 대책》, 예산정책보고서 제11호.

______(2010b), 《민간투자사업편람》, 2010. 7.

______(2012), 《2013년도 임대형 민자투자사업(BTL) 한도액안 분석》, 2012. 10.

기획재정부(2008; 2009; 2010; 2011), 《민자투자사업 운영현황 및 추진실적 및 민간투자사업기본계획》.

______(2019), 《2018년도 민간투자사업 운영현황 및 추진실적 등에 관한 보고서》.

______(2024), 《2023년도 민간투자사업 운영현황 및 추진실적 등에 관한 보고서》.

김동균(2022), 《지방자치단체의 재정위기관리를 위한 법제 연구》, 한국법제연구원.

김동기(2009), 《지방분권시대의 한국지방재정학》, 서울: 법문사.

김동욱(2009), 〈최근 외국 지방정부의 재정위기극복사례〉, 《한국지방재정공제회》, pp. 59~78.

민 기(2012), 〈지방자치단체 재정 건전성 강화를 위한 예산외 사업관리 방안: 임대형 민간투자사업을 중심으로〉, 《2012 재정건전성 제고를 위한 정부정책의 평가와 향후과제》.

배인명(2003), 〈지방공기업의 경영분석: 직영기업의 수익성 및 안정성을 중심으로〉, 《서울도시연구》, 4(3), pp. 55~74.
_____(2009), 〈의존재원의 지방채발행에 대한 효과분석〉, 《한국지방재정논집》, 14(3), pp. 133~158.
박대권·박현석(2023), 〈미국 교육감선출제도의 변화〉, 《교육법학연구》, 35(1), pp. 43~66.
박정수(2011), 〈국가재정의 과제와 합리적인 운용방향〉, 《사회과학연구논총》, 26, pp. 25~51.
법제처(2024), 〈국가재정법〉 등.
서원교(2008), 《정부회계원리》, 서울: 경영과 회계.
_____(2013), 《활동중심 IFRS 회계원리》, 서울: 솔과학.
서정섭·신두섭(2010), 《채무과대 지역 심층분석 및 조치방안》, 한국지방행정연구원.
우명동(2019), 《재정연방주의와 정부 간 재정관계》, 성신여자대학교 출판부.
전상경(2011), 《현대지방재정론》 3판, 박영사.
정세욱(1994), 〈자본예산 제도도입의 전제조건〉, 《지방재정》, 13(5), pp. 26~35.
정성호(2012a), 〈회계부정에 대한 통제시스템의 구축방안: 천안시 사례를 중심으로〉, 《한국행정연구》, 21(2), pp. 1~30.
_____(2012b), 〈지방자치단체의 재정수익이 부채에 미치는 영향에 관한 연구〉, 《한국지방재정논집》, 17(2), pp. 107~131.
_____(2013), 〈재정 건전성 제고를 위한 포괄적 부채관리: 광역시·도의 재정, 공기업, 민간투자사업(BTO·BTL) 간 관계〉, 《한국지방재정논집》, 18(1), pp. 1~32.
_____(2017), 〈대손충당금 규모가 재정운영 결과와 대손충당금 환입에 미치는 영향〉, 《한국행정연구》, 26(4), pp. 1~20.
_____(2018), 《대한민국 재정정책 70년사》, 서울: 더플랜.
_____(2022), 〈지방교육재정교부금 체계의 합리적 개편 대안〉, 한국법제연구원 지방재정법제 이슈페이퍼, 22-20-2.
_____(2024), 〈지방재정위기관리제도의 한계와 개선방안: 법적 정합성과 제도적 실효성을 중심으로〉, 《정부회계연구》, 22(4), pp. 57~80.

정성호·정창훈(2011a), 〈지방재정위기와 로컬거버넌스의 역할〉, 《지방행정연구》, 25(2), pp. 3~36.
_____(2011b), 〈거버넌스위기가 지방공사의 부채에 미치는 영향〉, 《한국행정연구》, 20(3), pp. 125~161.
_____(2012), 〈공공기관의 재무건전성제고 대안〉, 《재정학연구》, 5(2), pp. 195~232.
정성호·정창훈·박정수(2012), 〈지방자치단체의 유형자산 투자가 부채에 미치는 영향에 관한 연구: 복식부기회계정보를 중심으로〉, 《행정논총》, 50(2), pp. 227~256.
한국지방행정연구원(2011), 《지방자치 선진화를 위한 지방재정건전성 강화방안》.
행정안전부(2011), 〈지방재정위기 사전경보시스템 운영규정〉(훈령), 제198호, 2011. 10. 12.
_____(2017), 〈지방자치단체 재무회계 운영규정〉, 훈령
_____(2020), 〈2021년 지방자치단체 통합재정 개요〉.
_____(2023), 〈2024년 지방자치단체 통합재정 개요〉.
행정안전부·한국지방세연구원(2023), 《FY 2022 지방자치단체 재정분석 종합보고서》.
행정자치부(2017), 《지방교부세 산정해설》.
허명순(2011), 《지방재정 건전성 분석방법》, 감사연구원 연구보고서.
허종렬(2007), 〈개정 지방교육자치법의 위헌 요소 검토〉, 《교육법학연구》, 19(2).

行方久生(2007), 〈夕張市 財政破綻 問題の論点と自治体の危機〉, 《研究機構 インフォメーション・サービス》, No. 76.
Beane R. and Schramm(1986), *The Financial Analysis of Government*, New Jersey.
Frey, Martin A., Phyllis Hurley Frey, Sidney K. Swinson(2007), *An Introduction to Bankruptcy Law*, 5th edition, Clifton Park, NY.: Thomson Delmar Learning.
Groves, Sanford M. and Maureen Godsey Valente(2003), *Evaluation Financial Condition*, ICMA.
Honadle, W. B.(2003), "The State's Role in U.S. Local Government Fiscal Crises:

A Theoretical Model and Results of a National Survey," *International Journal of Public Administration*, 26(13), pp. 1431~1472.

IMF(2014), Government Finance Statistics Manual 2014.

Jeong, S. H.(2018), "Does the size of local government debt affect the level of debt of off-budget entities? The case of local government in Korea," *International Review of Administrative Sciences*, 0020852317733314.

______(2022), "Political Economy of Fiscal Decentralization in Korea," *Korea Public Choice Association*, 1(1), pp. 125~144.

______(2024), "Deputy Mayor Appointment System in South Korea: Challenges and Reforms for Local Autonomy," *Korean Comparative Government Review*, Vol. 28, No. 4, pp. 105~128.

Jeong, S. H. and S. H. Kang(2019), "Fiscal reform in South Korea," *Public Money & Management*, 39(6), pp. 450~453.

Kloha, Philip, Carol S. Weissert, and Robert Kleine(2005), "Developing and Testing a Composite Model to Predict Local Fiscal Distress," *Public Administration Review*, 65(3), pp. 313~323.

Mikesell, John(2009), *Fiscal Administration*, 8th ed., Thomson Wadsworth.